韩敬 / 著

HOUSING

STUDY ON NATIONAL OBLIGATION OF HOUSING RIGHT PROTECTION

住房权保障的国家义务研究

中国法制出版社

CHINA LEGAL PUBLISHING HOUSE

基金项目

司法部国家法治与法学理论研究项目“国家保护义务视角下环境权保障研究”（15SFB3010）

湖南省新型城镇化与住房保障研究基地开放课题“国家义务视角下住房权保障之实现路径研究”（JDX201617）

湖南省哲学社会科学基金项目“住房权保障的国家给付义务研究”（13YBA029）

河南省哲学社会科学规划一般项目“住房权保障与国家保护义务研究”（2015BFX028）

前 言

住房权作为一项社会权，是指公民平等享有不受驱逐的、适居的、价格可承受的、与周边基础服务设施相融合的，能够安全、健康和有尊严地生活的住房权利。住房权兼具积极权利与消极权利双重属性，两者不可偏废。受自然资源状况、经济发展水平、政治文化、思想观念等因素制约，住房权虽不能立即全面实现，但也不能因资源短缺而免除国家保障公民住房权的义务，即国家要确保每项权利的实现达到一种最低基本水平，即使在可利用资源确实不足的情况下，也要确保公民最大限度地享受相关权利，并尽一切努力，使用可支配的所有资源来优先履行最低限度的核心义务，这些核心义务在任何时候都应履行，而与有关国家资源的可获得性以及任何其他因素和困难无关。

住房权保障的国家义务有三个不同层次的内容：第一，在尊重义务层面，国家负有避免剥夺或不剥夺公民住房权的义务，主要是要求国家不作为，不非法干涉住房权，不对公民所享受的权利与自由进行不必要的干预与限制。第二，在保护义务层面，首先，在预防义务层次中，国家应制定有效措施保护人们免受强迫驱逐、种族或其他形式的歧视、骚扰、不提供服务或其他威胁；其次，在制止义务层次中，国家有义务在住房权受侵害时，阻止第三方对公民住房权的侵犯，纠正侵权行为并且对受害者采取补救措施；最后，在惩罚义务层次中，国家有义务为受侵犯的公民提供法律途径，包括进行监督、调查、起诉，并且为受害者采取补救措施。第三，在给付义务层面，国家应对那些凭自身能力无法取得住房、难以达到“最低限度生存”的人主动提供住房保障。

有权利必有救济，要真正实现住房权，就不能缺乏司法救济。国家保障住房权的最低核心义务之可诉性的潜力与限度，主要表现为以下情形：第一，住房权国家尊重义务层面的最低核心义务具有完全可诉性。因为禁止性法律几乎概括性地禁止了所有干涉和侵犯行为，所以其权利规范相对而言比较明确、清晰，对于司法机关来说，其适用就不会面对政治合法性与司法能力的挑战。第二，住房权国家保护义务层面的最低核心义务具有部分可诉性。具体来说，在预防层次义务中，其主要是国家的组织和程序保障义务、制度性保障义务，是基本权利客观对应的且指向不确定权利主体的义务，从而不具有可诉性。而在制止和惩罚层次义务中，其针对的是特定权利主体和具体的国家行为，表现出来的仍是尊重义务所倡导的消极自由理念，因而与自由法治国性质受益权功能相对应的保护义务中的禁止和惩罚义务呼应，具有完全可诉性。第三，住房权国家给付义务层面的最低核心义务亦具有部分可诉性。给付义务包括具体给付义务与抽象给付义务两部分内容。实践中，住房权的具体给付义务主要表现为国家的最低核心义务，包含提供最低限度住房保障的内容，在这一范围内，国家负有的义务不受现有资源制约而必须履行，并且可由司法机关裁判，因此具有可诉性。住房权的抽象给付义务是与基本权利客观对应的制度性保障义务、组织与程序保障义务，在实践中主要表现为国家的“逐步实现的义务”，该部分义务一般不具有可诉性。

无论是国际、区际层面，还是国家层面，都表现出了多样的救济方式。国际层面对住房权的救济以间接救济为主；区际层面，由于非洲和美洲区域未明确规定住房权，而亚洲区域尚未形成统一人权组织，各区域的救济程度相去甚远；国家层面，大多数国家以不同方式对住房权加以规定和救济，模式主要有：一是通过宪法规定住房权予以直接或间接救济；二是通过普通法律规定住房权予以直接救济；三是州法院根据州宪法对住房权予以直接救济；四是通过适用或解释生命权对住房权予以间接救济。为实现住房权，只有多层面透视其困境与尴尬之处，才能具体问题具体分析，探索其具体实现路径。在国际层面，实现住房权的实体性义务与程序性义务严重失衡，主要表现为有关住房权的国际性文件显现出丰实而多层次的实体性义务，而保障住房权的实施机制则凸显出贫乏而薄弱的程序性义务；在国家层面，呈现出美好理想与无奈现实的博弈；在个人层面，则表现在自我保障与政府阻碍的拉锯。

当前，我国住房权问题较为复杂，亟待改善。认真对待住房权，意味着应建立一个以《住房保障法》为中心的、多层次、全方位的住房权保障法律体系。首先，制定全国统一的《住房保障法》，确立住房是准公共产品的执政理念，摒弃住房全面市场化的错误思想，将“广覆盖、低水平、保基本、分层次”作为指导思想。其次，赋予住房困难群体“可抗辩住房权”，对无房可居者、居住条件相当恶劣或危险者、被强制搬迁且无法重新安顿者，给予其住房方面的救助，通过减免、缓缴或少缴租金、发放补贴等形式，帮助其渡过难关，如果公民通过合法程序向行政机关提出申请而没有收到答复，就可以行政机关不履行或不适当履行救助住房权的行为为诉由向人民法院提起行政诉讼，由人民法院判决行政机关履行具体给付义务。再次，确立住房权最低保障基准，使住房具有平等性、适居性、不受驱逐性，住房价格具有可承受性、融合性；改善经济适用房制度，实现住房权公平享有；加强廉租房制度建设；发展公共租赁住房，保障“夹心层”住房权。最后，针对我国目前缺乏宪法诉讼制度现状，司法机关应超越行政诉讼受案范围，在住房权司法保护方面有所作为，人民法院可在保证“政治合法性”的前提下，通过司法解释的方式竭力保护住房权，宣布行政机关的某些住房权抽象行政行为违法或者无效，并且在必要时针对当事人住房权的受损程度决定给予其相应赔偿。

目 录

第一章　绪　论

一、研究目的和意义

尽管我国经济在快速增长，但近年来公众对此已无太大兴趣，有些人认为经济增长带给自己的收益在递减，甚至还要为增长付出代价。“于是，当统计局官员或经济学家兴奋地预言，中国的 GDP 规模将在某年赶上美国，或者某地宣布中国已经达到中等发达国家的经济水平时，公众都笑了，媒体评论更是一边倒的批评。这个时代，人们关注的是正义，人们也渴望正义。”的确如此，强调中国经济的整体快速增长可能有意或无意地掩盖了低收入阶层的困境，并且加剧了他们的“被剥夺感”。在住房领域即是如此。对低收入阶层来说，任凭他们如何奋斗，也无法承受过高的房价。有学者指出：“住房不可承受性成为头号难题。”这不仅是个经济问题，更是个社会问题，凸显了政府责任。①

国家最低核心义务是与公民权利相对应的宪法学基本范畴，相比之下理论较为贫乏。改变传统的权利研究范式，以国家最低核心义务为视角研究住房权保障具有较大的理论价值和实践价值。

---

① 周礼文：《保障性住房制度的宪政原理》，载《政治与法律》2011 年第 5 期，第 75 页。

在理论层面，将住房问题纳入宪法学视野探讨住房权保障的国家最低核心义务，将使宪法学回应当代民生法治诉求而发展到一个新的阶段。本文直接指向当代中国社会转型期的住房难题，将从理念、制度和运作方面构建住房权保障的国家最低核心义务完整理论，为住房问题的法律解决提供具体有效、操作性强的理论指导：(1) 鉴于学界从法的价值或法律规范的传统视角对住房权保障理论进行研究的局限性，笔者采取了国家最低核心义务的新视角，有望产生突破性的创新理论；(2) 现有研究基本上从某一学科领域展开，而本研究综合运用法学、经济学、社会学等多学科研究成果和研究方法，强化边缘学科研究方法的整合，力求既有理论高度，又具实际操作性，将会产生跨学科、综合性和系统化的创新成果；(3) 通过案例实证分析法、比较分析法、应用研究法等理论研究方法，找出我国住房保障问题的普遍规律，分析问题出现的路径，提出针对性的解决机制，并最终确定住房权保障的国家最低核心义务之具体承担主体及其关系，确立国家最低核心义务基准。

在实践层面，住房权保障是一个牵一发而动全身的问题，凸显国家保障住房权的义务，有利于减少强制拆迁住房所产生的对立与冲突。国家通过履行立法义务，为住房权提供制度性保障，通过履行司法义务，为住房权保障提供公正、公平的司法救济。以国家最低核心义务为视角对住房权进行研究，对实现公民住房权具有重要现实指导意义和参考价值：(1) 树立住房权既是民生改善和经济发展的目标又是手段和动力的观念，有利于改变决策者的住房权与经济发展之间存在冲突的传统观念，树立保障住房权有助于经济发展和民生改善的积极观念。(2) 构建以保障住房权的最低基准度量经济发展和国家行为的指标体系，有助于决策者作出行为或决策时，将权利指标作为出发点和落脚点，对政府行为具有导向性作用。(3) 把住房权保障与民生改善的政策目标紧密联系在一起，最大限度地保护住房权，并促使党和政府的政策法律化。（4）通过对保障住房权的国家最低核心义务进行具体研究，为我国对住房问题的研究提供理论参照，以提高民生保障和改善的效率。

二、选题背景

住房权是生存和发展的基本条件，是公民享有其他权利的基础和前提。然而在我国，住房权问题在学术界鲜有探讨，有关成果寥寥无几，许多学者从物权意义上理解住房权，称其为“居住权”，即特定人因居住而使用他人房屋的权利，属于民事权利的范畴。本文所称的住房权，是指公民有权平等享有不受驱逐的、适居的、价格可承受的、与周边基础服务设施相融合的，能够安全、健康和有尊严地生活的住房权利。为了实现住房权，国家承担着重要义务。住房权属于“第二代人权”，其实现不仅依靠国家的不作为，而且还依靠国家的作为，国家有保障公民取得住房的义务。“从国家与公民关系的历史发展及其在现代民主法治国家的发展趋势来看，国家义务与公民权利的关系已成为国家与公民关系的主轴，国家义务与公民权利相应地应成为现代公法体系的核心内容和现代公法学的基本范畴。国家义务源自公民权利并以公民权利为目的，应当成为公民权利的根本保障”①。公民基本权利所对应的主要不是公民基本义务，而是国家义务，国家最低核心义务即是国家义务的最低基准。

实践中，我国住房改革已历经三十多个年头，在计划经济模式下，住房保障体制在城市基本上是“全民保障型”，与低工资且差别较小的

① 龚向和：《国家义务是公民权利的根本保障——国家与公民关系新视角》，载《法律科学》2010年第4期。

状况相对应，国家先盖住房，然后以低租金租给居民，实行实物分配。实际上，只有一部分机关和有实力的大中型企业才可能将住房分配给职工，同时因国家财力有限，每年建造和可供分配的住房数量较少，人均住房面积较低，居住水平提高缓慢，相当一部分家庭无法得到保障。在市场经济模式下，人们的收入差距逐渐拉开，国家通过房改把实物分配逐步改革为以货币分配为主，住房消费纳入工资，高收入和中等收入家庭可通过市场购买商品房，但对低收入家庭而言，他们通过自身努力难以获得住房，而国家在指导思想上曾经仅看到了住房的经济功能，视发展住房和建筑产业为经济发展的一种手段，这种功利主义立场导致住房结构错位，使得住房保障政策未能有效实施，原本属于社会保障方面的住房问题交由市场解决，房价在各方利益推动下不断疯涨，价格不可承受的住房已成为我国普通居民稳定生活的障碍，导致人们对国家住房政策不满，最终使得住房在我国成为一个社会问题，甚至被人们连同医疗和教育一起称为压在民众头上的“新三座大山”。

因此，理论的贫瘠与现实的需要促使笔者从国家最低核心义务出发，考察我国住房权国家保障现状，以期更好地保障我国公民住房权，同时住房权保障是一个牵一发而动全身的问题，加强对住房权国家最低核心义务理论的研究，无疑具有理论价值与现实意义。

三、文献综述

1. 国内外研究现状述评

把国家最低核心义务与住房权直接联系起来进行研究的成果甚少，对住房权进行研究的成果主要集中于社会学学界，但其并未把住房权上升至法律层面。经济学学界虽对住房问题给予了较多关注，但其最终目的是经济发展，并未以明确的权利语言来表达住房权，亦未提升至法律层面加以保障，从而导致经济学家的发展理论缺乏人权精神指导与人权法律规范，有的理论甚至会侵犯人权。

在计划经济体制时期，国家以实物分配方式保障住房，住房权理论缺失。市场经济体制下，“市场——社会保障制”使国家最低核心义务淡出。目前，我国政府更多地关注住房的政策与制度，对住房权的研究尚处于起步阶段，而法学界则偏重于单纯对住房权权利本身的论证，对权利保障更多地寄希望于国家权力，而关于实现权利相对应的国家最低核心义务的研究成果，相比之下则是凤毛麟角。

为了破解住房难题、保障住房权，针对当前理论的贫瘠与现实的困境，仅有极少数学者以国家最低核心义务为视角对住房权进行了反思，如张清、王宏哲、曾哲等，其他学者主要从理论渊源（宪法哲学、社会契约理论、福利国理论、现代公共性理论等）论证国家所负有的义务，如蒋银华、高鹏程等。

国外研究主要体现为对基本权利的国家义务研究。在对积极义务与消极义务的传统二分法进行扬弃的基础上，国外人权法学家首先提出国家义务三分法（如亨利·舒认为国家负有避免剥夺的义务、保护的义务和向被剥夺者提供帮助的义务），在此学说基础上，A. 艾德凝练出尊重、保护和实现三个层次的国家义务理论。而国家最低核心义务既包括尊重义务、保护义务和给付义务，也包括行为义务与结果义务，是一种多维度的义务体系。宪法学学者的研究主要表现为从基本权利功能推导出的住房权保障的国家最低核心义务理论（一般认为包括消极义务、保护义务和给付义务）。

国外研究已形成理论雏形，但只是通过基本权利对住房权进行的间接研究。国内研究在借鉴国外成果的基础上，对住房权保障的国家最低核心义务有过简单介绍，但如何在法治框架下配置、细化、实现等，配套理论尚未出现，目前的主要发展趋势为：

（1）在观念上还未真正自觉地把住房权提升至人权的高度，即使意识到住房权的人权本质、论证了国家负有保障义务，但却未能充分阐释国家最低核心义务对住房权保障的重要价值；

（2）国家保障住房权的最低核心义务的具体内容宏观、粗糙，尚未细化形成体系，更未形成共识的“本土化”的构造理论；

（3）住房权保障的国家最低核心义务的可诉性方面基本空白。

2. 有关住房权问题的研究著作概述

住房权的完美实现必须以国家最低核心义务的合法有效履行为前提。尽管“住房权是一项基本人权”作为一句口号容易被人们理解和接受，但要真正了解其具体内涵及国家最低核心义务却需要进行深入研究，作者在全面收集资料的过程中发现，我国关于住房权研究的著作甚少，主要有3部：

其一为杜芳的《我国公民住房权的司法保障研究》（世界图书出版公司2012年版），该书专门对住房权的司法保障进行了探讨，将住房权分为积极住房权与消极住房权，分别对其进行不同的司法保障研究，主要内容包括公民住房权司法保障概述；公民住房权司法保障的域外考察；我国公民住房权受侵害的现状及司法保障的缺陷；我国公民积极住房权司法保障的完善；我国公民消极住房权司法保障的完善。

其二为王宏哲的《住房权研究》（中国法制出版社2008年版），该书侧重于从国际人权法理论研究住房权问题，但是结合中国现实情况较少，其主要内容包括住房权的概念；住房权产生的历程；住房权的确立与发展；住房权的国家义务；住房权的救济；中国住房政策的回顾与思考。该论著虽然对住房权的国家义务有所涉及，但更多的是对国家义务的各种不同理论进行论述，并未结合我国的具体国情，并未配置、细化我国住房权的国家最低核心义务。

其三是张群的《居有其屋——中国住房权历史研究》（社会科学文献出版社2009年版），该书侧重于从中国历史角度研究住房问题，可谓是一本很好的有关住房问题的法史论著，其主要内容包括住房权导论；古代中国的住房权问题；民国时期的住房权问题；当代中国的住房权问题；中国住房权展望。但该论著与本文所研究的住房权保障的国家最低核心义务交集甚少。

围绕《经济、社会、文化权利国际公约》以及联合国经济、社会、文化权利委员会（以下简称经社文权利委员会）关于住房权的两个《一般性意见》，对住房权国家义务有所研究的教程主要有以下两个：其一是由A. 艾德等主编的《经济、社会、文化权利教程（修订第二版）》（四川出版集团、四川人民出版社2004年版），该书第九章包含S. 莱基的《适足住房的权利》，回顾了当初起草公约时各国对住房权的立场和观点，最后认为，住房权在立法时要考虑租地使用权的保障、可负担的住房、大众参与和对住房资源的控制、不受任何形式的歧视、骚扰或免受住房部门滥用权力的保障、有可居住的和适当住房的权利、获得公共服务的权利等问题。① 其二是由国际人权法教程项目组编写的《国际人权法教程》，其第一卷第19章“享受适当生活水准权”虽对住房权问题有所涉及，但内容甚少且较为简单。

3. 对住房权及国家最低核心义务的相关论文的解读

在住房权领域，有些学者结合国际公约，对其内涵及国家最低核心义务等问题进行了解读。其中，影响较大的论文有：

郑莹、吴丽萍的《从缺位到归位：住房保障政府责任之省思》（载《河南社会科学》2013年第11期）中指出，住房权作为宪法赋

① S. 莱基：《适足住房的权利》，载A. 艾德、C. 克洛斯、A. 罗萨斯：《经济、社会、文化权利教程（修订第二版）》，四川出版集团、四川人民出版社2004年版，第124～139页。

予公民的基本人权，依靠市场机制及低收入者自身能力将无法实现，实现住房权必须依靠国家公权力的合法干预。因此，政府在住房保障实施中的角色不可替代，责任更加凸显。应通过立法明确政府责任的范畴，确定权力行使的边界，使政府责任从缺位到归位，最终确保公民住房权的实现。

曾哲的《论国民的适当住宅权》（载《武汉大学学报》2013 年第 5 期）中认为，国民的适当住宅权即适宜或充分住房权，是指一国公民有权获得可负担得起的、适宜于人类居住的、有良好的物质设备和基础服务设施的、可以既安全又健康并有尊严地生活、同时又不受歧视的住房权利。国民适当住宅权本质上是民生保障体系中最不可或缺的一项基本权利。在外观上住房权表达的是社会个体及其基本家庭成员生活和生存的某种状态或事实，而背后却透视着该国国民最基本的人权享有情况及其社会经济、文化生活品质的优劣高下。

张清、严婷婷的《适足住房权实现之国家义务研究》（载《北方法学》2012 年第 4 期）中认为，人权实现与国家义务之间存在密切的内在关联，对于人权的实现国家既具有消极义务，也具有积极义务。我国政府在公民适足住房权的实现上具有不可推卸的义务，应从尊重、保护、促进和实现四个方面对国家义务进行分析，使之具有较强的体系性和可行性。

另外，还有杜强强的《自由权的受益权功能之省思——以住宅自由的功能为例》（载《北方法学》2013 年第 4 期）；张小罗、周刚志的《论公民住房权：权利内涵及其实现之道》（载《法学杂志》2009 年第 1 期）等诸多论文。

4. 他山之石可以攻玉——不同国家有关住房权保障案例的实践评析

有学者专门研究不同国家的住房权的案例实践以期对我国住房权

的实现有所启示。

黄利红、覃美洲的《住宅不受侵犯权的属性探讨——以世界各国宪法文本的比较分析为视角》（载《中南民族大学学报》2014 年第 4 期）中提到，世界各国宪法对住宅不受侵犯的规定在文本上采用“安全”“自由”“尊严”等用语来叙述，在权利类型归属上有安全权和自由权之别，并和通信秘密、人身自由、迁徙自由、人格尊严权、适足住房权、财产权、程序权利等不同权利构成权利群，这在一定程度上反映了该权利的多重属性，即兼具安全权和自由权、财产权和人格权、实体权和程序权的属性。

聂鑫的《如何保障住房权？——比较宪法的案例思考》（载《比较法研究》2013 年第 4 期）中提到，住房保障权在各国的宪法地位不同，在英国、美国其并非宪法权利，在德国基本法与爱尔兰、印度宪法上其是默示的宪法权利，而德国魏玛宪法与南非宪法则将其作为宪法明文规定的权利。作为社会福利权的住房保障权首先并非高深的宪法理论，而是需要具体落实的社会政策，它根源于社会需要。由于财政、土地等稀缺资源限制，住房权的落实困难重重。文章重点介绍了国外几个与中国问题相关的典型案例，其中印度与德国的案例，也许可以对我国住房权的实现提供一些有益的路径与方向。

汤林弟、胡江的《联合国对住房权实现的指标化评估与监控框架》（载《社会保障研究》2012 年第 2 期）中指出，对于一项权利而言，其实现与保障是最为核心和根本的问题。作为一种基本人权的公民住房权，目前在世界各国，尤其是发展中国家面临严峻挑战。但由于缺乏统一的方法和解决路径，我们无法深入地揭示人类住房权实现与保障中存在的关键性困境和障碍，也就无法有效地推动住房权实现的进程。联合国人居署在内罗毕会议上制定了一套具有重要参考价值的住房权指标体系，包含住房适足性指标、强制驱逐指标、露宿指标、平等性指标、法律保障指标、国际融入指标等，为建立普遍适用的住房权评估与监控机制提供了重要基础框架，为推动人类住房权的实现与保障提供了极具价值的计量方法，开启了人类住房权事业的新纪元。

此外，还有陈红梅的《论南非住房权的救济》（载《湘潭大学学报》2010 年第 4 期）；郑智航的《南非公民住房权最低标准浅析》（载《西亚非洲》2010 年第 2 期）；黄金荣的《司法保障经济和社会权利的可能性与限度——南非宪法法院格鲁特布姆案评析》（载《环球法律评论》2006 年第 1 期）；杨福忠的《从南非格鲁特布姆案看积极权利对立法者的义务》（载《山东社会科学》2008 年第 1 期）等。上述文章都从具体判例中得出住房权具有可诉性，然而那仅是国家的司法机关对住房权的救济义务，至于国家对住房权其他层面的义务则鲜有阐释。

5. 对实现住房权的国家最低核心义务路径的相关文献概述

对于城市房屋拆迁过程中的公共利益界定问题与拆迁补偿问题，学界成果较为丰硕。例如，杜芳的《论公民住房权法律保护体系的构建——以城市房屋拆迁的根本治理为视角》（载《湘潭大学学报》2010 年第 4 期）、王克稳的《改革我国拆迁补偿制度的立法建议》（载《行政法学研究》2008 年第 3 期）等，这些文章更多地对房屋拆迁本身进行研究，尚未上升至对住房权尊重义务层面的国家最低核心义务研究，至于住房权国家尊重义务的具体内容是什么，涉及甚少。

在研究“认真对待住房权的具体实现路径”问题上，主要涉及国家有义务修改宪法及制定《住房保障法》等问题，我国法学学界提出了诸多具体方案，如涂缦缦的《住房权适足标准的界定》（载《江西社会科学》2015 年第 4 期）中提到，住房权适足标准的提出将住房的权利诉求提升到了更高的层次，生存权意义上的住房权转化为关涉人性尊严意义上的适足住房权，理论上的住房权适足标准因其受到经济社会条件的约束必须在实践领域具体化。由于经济快速发展、社会处于重大转型阶段，我国住房权适足标准宜采取以问题为导向的实践理性方式予以界定，待条件成熟应通过立法方式确立住房权适足标准的一般原则和基本准则，并在法律实施过程中予以动态具体化。

王笑严的《构建我国多层次住房权保障法律体系》（载《当代法学》2012 年第 2 期）中提到，住房权是联合国规定的重要公民权利，我国于 1997 年签署并于 2001 年加入《经济、社会、文化权利国际公约》，承诺为实现公民住房权而努力。而迄今为止，在住房权保障方面只有 2008 年被全国人大列为立法规划的《住房保障法》，没有系统的法律法规体系。近年来由于房价攀升，学界对住房权问题给予了很大的关注，但是住房权的保障不仅仅等同于住房保障，要实现我国公民的住房权，就要明确国家保障住房权的多层次义务，建立一个以《宪法》为基础，以《住房保障法》为中心的，多层次、全方位的住房权保障法律体系。

汤林弟的《论基于公民住房权的住房政策架构》（载《理论导刊》2012 年第 2 期）中指出，住房不仅是一种商品，更是一种基本人权。以保障住房权作为国家住房政策的制定依据，既是履行国家义务的必然要求，也是提高国家住房政策效益、避免住房政策出现偏误或波动的可靠法则。住房政策本质上属于一种社会福利政策，我国住房领域存在诸多问题，这些问题在本质上是当前住房政策只看到了住房的商品属性而忽略了住房的社会权利属性造成的。重建住房政策的住房权之基础，不仅可从根本上提升我国公民基本权利保障水平，而且可解决我国住房社会福利体系中的一些体制性和结构性问题。

张清、吴作君的《住房权保障如何可能研究纲要》（载《北方法学》2010 年第 4 期）一文对公法意义上的住房权进行了界定，并分别对住房权的立法保障与司法保障进行了详细论证，最后对住房权的发展做出了初步展望，即“一是以问题为导向，利用交叉学科的知识完成对住房权及其法律保障的研究……二是从法学内部进行分工，一部分对住房权法律保障的具体制度设计进行研究，而另一部分则对住房权及其法律保障的必要性进行更深层次的理论研究，探求制度本身的法理蕴涵，为制度的设计提供宏观的理论指导”。

此外，朱福惠、李燕的《论公民住房权的宪法保障》（载《暨南学报》2009 年第 2 期）；郑尚元的《居住权保障与住房保障立法之展开——兼谈〈住房保障法〉起草过程中的诸多疑难问题》（载《法治研究》2010 年第 4 期）；孙凌的《论住宅权在我国宪法规范上的证立——以未列举宪法权利证立的论据、规范与方法为思路》（载《法制与社会发展》2009 年第 5 期）；王蕾的《住房权实现中国家平等对待义务的客观性》（载《求是学刊》2010 年第 2 期）等诸多论文都对上述议题有所涉及。

然而，上述论著与文章更多的是从某一立法或司法的角度去保障住房权，很少涉及从国家最低核心义务理论去保障住房权，更多的是从权利角度出发，阐述公民具体权利，简单推理出权利应该得到保护之类的结论，此种逻辑容易使我们走入误区，使得权利变得空洞、处于理想状态。从法律逻辑学角度出发，有权利必有义务，只有对国家明确其相应义务，才能使权利有一个支撑，有利于权利真正实现。概言之，上述文章甚少从义务层次理论来分析我国住房权的具体实现路径，把国家最低核心义务与住房权结合起来进行研究的文章更是寥寥无几，大多数学者将研究重点放在国家义务理论上进行纯理论研究，如张翔的《基本权利的规范建构》（高等教育出版社 2008 年版）、蒋银华的《两权博弈与国家义务论》（载《宁夏社会科学》2010 年第 3 期）等。

因此，到目前为止，我国学界对住房权研究仍有所欠缺，从国家最低核心义务角度进行深入研究的更少，许多学者认为住房问题是一个形而下的问题，难有提升至形而上的机会或可能性，即使有学者论证了国家负有保障住房权的义务，却未能指出国家义务对住房权保障的重要工具性价值，更未具体配置、细化住房权的国家义务保障内容体系，至于国家保障住房权的最低核心义务的可诉性方面则基本空白。

四、研究方法

1. 原理分析法

本文无意以一种先验推理的方式对住房权作纯理论探讨，而是希望通过对住房权保障的国家最低核心义务的具体研究，为我国更好地解决住房问题提供理论参照，以提高民生保障和改善的效率。从住房权保障的一般原理入手，在分析本国具体国情和别国经验教训的基础上，探索其具体实现路径。

2. 实证分析法

根据矛盾特殊性原理，辩证地看待本国实际情况和他国经验教训，在解决问题思路上强调内因的主要作用，同时重视外在条件的影响。当下，我国住房权问题较为复杂，急需改善，但由于具体国情差异，不应简单照搬他国经验，而必须具体问题具体分析，在吸收借鉴别国经验时，也要对本土资源和所借鉴的内容进行充分分析和缜密论证。

3. 比较分析法

通过对住房权的国家最低核心义务进行纵向和横向的对比分析，得出我国住房问题复杂和严峻的原因，并在此基础上探索有效实现我国住房权的具体路径。

4. 归纳分析法

住房权问题是一个全球性话题，各种资料散见于不同国际公约及各国文献之中，通过多种途径收集资料，并对资料进行研究和整理，从中找出相关研究议题。

五、基本思路

国家最低核心义务是实现住房权的根本保障，国家有义务采取一系列措施帮助公民实现这一权利，有义务通过多种不同具体路径对其进行综合保障。进一步来说，公民住房权能否真正得到综合保障，很大程度上取决于国家能否明晰其国家最低核心义务，否则，住房权只能处于应有权利阶段而无法得到切实实现。

当今中国，了解住房权是一项社会权的人少之又少，就连制定住房制度与住房政策的决策者也是近几年才喊出“住房是人的一种基本权利”。中国的住房权问题已经到了非解决不可的时候，只有从人权的高度才能真正解决，所以我们首先必须在思想上深刻了解住房权，才能对我国住房问题的解决有所帮助。住房权为社会权，如果要全面实现公民住房权，需要国家履行尊重义务、保护义务、给付义务，尽管我国政治、经济与文化已取得很大进步，然而距全面实现住房权尚有一段不短的距离。在现有国情下，住房权虽不能立即全面实现，但不能因资源有限而免除国家保障住房权的最低核心义务。从最低核心义务的法理入手，本文概述了国家保障住房权的最低核心义务的内容，进而论证了最低核心义务的可诉性问题，最后对我国保障住房权的最低核心义务略陈管见，以求教方家。本文并未对住房权的方方面面进行详细研究，而是侧重于从国家最低核心义务层次的理论出发对住房权提出一些具体实现路径。

首先，通过对国际上住房权概念进行规范解析，以及学习借鉴国内诸多关于住房权概念的学术成果，本文科学归纳了住房权的内涵，即公民有权平等享有不受驱逐的、适居的、价格可承受的、与周边基础服务设施相融合的，能够安全、健康和有尊严地生活的住房权利。为实现住房权，国家承担着重要义务。

其次，本文探讨了国家保障住房权最低核心义务的体系构成与可诉性的限度。从“国家保障住房权的最低核心义务”可诉性证成入手，分析“国家保障住房权的最低核心义务”可诉性的限度；进而以典型案例为例分析国际、区际层面救济住房权的潜力和程度；然后对国家层面住房权救济的法律模式进行了分析，如通过宪法规定住房权予以直接或间接救济、通过普通法律规定住房权予以直接救济、州法院根据州宪法对住房权予以直接救济、通过适用或解释生命权对住房权予以间接救济。

再次，论证了国家有义务制定《住房保障法》，赋予住房困难群体“可抗辩住房权”，无房可居者、居住条件相当恶劣或危险者、被强制搬迁且无法重新安顿者等住房弱势群体，可以在行政机关不履行或不适当履行救助其住房权的义务时，向人民法院提起行政诉讼，由人民法院判决行政机关履行给付义务；同时，国家还有义务确立住房权最低保障标准，即使住房具有平等性、适居性、不受驱逐性、住房价格具有可承受性、融合性；改善经济适用房制度，实现平等享有住房权；加强廉租房制度建设；发展公共租赁住房以保障“夹心层”住房权。

最后，针对我国目前缺乏宪法诉讼制度的现状，司法机关应超越行政诉讼受案范围，在住房权的司法保护方面有所作为，人民法院可以在保证“政治合法性”的前提下不畏被人批评为“司法抢滩”行为，借鉴齐玉苓案的成功经验，通过司法解释的方式规定住房权抽象行政行为具有可诉性。

正是基于上述思路，本文将研究重点放在通过国家最低核心义务层次理论并结合我国情况为住房权逐步实现服务。同时，我们还要清晰地认识到，国家虽然对实现住房权具有不可推卸的义务，但这并不意味着国家必须为所有住房困难群体免费建造和提供住房，同样地，国家也不能把解决住房问题全部交给市场，由市场来满足所有住房困难群体的住房要求。在较短时间内，让所有公民实现住房权是不现实的。在不同时期、不同阶段，国家应尽其最大努力，履行保障住房权的最低核心义务。我国可根据具体国情，通过制定全国统一适用的《住房保障法》来倾斜性保障住房困难家庭，赋予公民“可抗辩住房权”，确立国家保障住房权的最低保障标准，保障“夹心层”等措施，履行国家保障住房权的最低核心义务，以期使住房权的实现程度取得质的飞跃。

六、结构安排

本书共分为八章，分别为：

第一章，绪论。主要分析了研究目的和意义、选题背景、文献综述、研究方法、基本思路、论文结构安排等内容。

第二章，住房权之法理意蕴。从住房权内涵的规范解析、住房权与居住权辨析两方面厘清了作为社会权的住房权的概念；论述了住房权的内容和性质，阐述住房权兼具积极权利与消极权利双重属性。

第三章，保障住房权的国家义务之体系构成。首先，论述基本权利的国家义务理论、国家义务对基本权利保障的重要价值、基本权利的国家义务层次理论演进；其次，论述基本权利的国家义务构造，包括国家尊重义务、国家保护义务、国家给付义务；最后，论述了住房权保障的国家义务之内容体系，主要包括尊重义务层面国家保障住房权之义务、保护义务层面国家保障住房权之义务、给付义务层面国家保障住房权之义务。

第四章，住房权保障的国家义务之可诉性分析。该部分详细分析了住房权保障之国家义务可诉性，即住房权保障的国家尊重义务具有绝对可诉性，住房权保障的国家保护义务具有部分可诉性，住房权保障的国家给付义务可诉性须分层对待。通过案例“格鲁特布姆案”透视住房权的可诉性，包括格鲁特布姆案的基本案情及南非宪法法院的判决、格鲁特布姆案对住房权司法保护的启示。

第五章，住房权保障之国家义务可诉性的限度。首先，以实例分析国际、区际层面救济住房权的潜力和程度：国际层面对住房权的救济以间接救济为主，区际层面住房权救济程度相去甚远；其次，分析国家层面住房权救济的法律模式，即通过宪法规定住房权予以直接或间接救济、通过普通法律规定住房权予以直接救济、州法院根据州宪法对住房权予以直接救济、通过适用或解释生命权对住房权予以间接救济。

第六章，保障住房权的最低裁量基准：国家最低核心义务。首先，论述了国家最低核心理论的缘起、国家保障住房权的最低核心义务的内容、国家最低核心义务对住房权保障的必要价值；其次，阐释“国家保障住房权的最低核心义务”可诉性的法理，主要从两个方面进行了论述，即“国家保障住房权的最低核心义务”可诉性证成和“国家保障住房权的最低核心义务”可诉性的限度。

第七章，多层面透视住房权实现之困境与尴尬。第一节是国际层面：实现住房权的实体性义务与程序性义务严重失衡，有关住房权的国际性文件显现出丰实而多层次的实体性义务，保障住房权的实施机制凸显贫乏而薄弱的程序性义务。第二节是国家层面：美好理想与无奈现实的博弈，即呈现理想状态的国家对住房权的一般义务与影响住房权实现的无奈现实之间的博弈。第三节是个人层面：自我保障与政府阻碍的拉锯，即个人对住房权实现的自我保障义务与政府阻碍个人自力保障的拉锯。第四节是我国保障住房权的现状分析，即住房权尊重义务层面屡受侵犯、住房权保护义务层面的弊病、住房权给付义务层面的缺陷。

第八章，在国家义务的语境下认真对待住房权。第一节是建议通过修改宪法来保障住房权。第二节是实现住房权国家最低核心义务的规范路径——《住房保障法》，主要论述了《住房保障法》的应有理念、赋予公民“可抗辩住房权”、确立住房权最低保障基准等内容。第三节是国家保障住房权最低核心义务的实践路径分析，主要论述了通过行政诉讼制度救济住房权、改善经济适用房制度实现平等享有住房权、加强廉租房制度建设、发展公共租赁住房、保障“夹心层”住房权等路径。

第二章　住房权之法理意蕴

第一节　作为社会权的住房权之概念厘清

一、住房权内涵规范解析

恩格斯曾指出：“人们首先必须吃、喝、住、穿，然后才能从事政治、科学、艺术、宗教等。”① 住房是人类生活的基本要求，是立足于社会的基本前提，是确保人类尊严的不可或缺的一部分。住房作为人类生存最基本的生活资料，不仅为人们日常生活、工作和休息提供场所，也为人们保持其人格尊严、人身自由以及发展完善自我提供物质保障。所谓住房就是公民可以独占、保有或暂时保有的，满足个人休息需要并可以排除他人侵扰，能带来安全感的处所。住房权中的“住房”，其内涵具有一定的复杂性，没有所有权限制，没有具体形式限定，其必须与人联系在一起，是人栖息之所，公民在住房里身心都可得到彻底放松。因此，住房实质上是指私生活空间，其范围不仅仅

① 《马克思恩格斯选集》（第3卷），人民出版社1995年版，第776页。

包括严格意义上的私人住所，还包括其他与私人住所具有同质性的场所，其成立无须具备标准的建筑结构或持续性的占有等时空要件。简言之，不论是自有住房、租赁房屋，还是临时居住的宾馆旅店、学生宿舍、帐篷、船屋等，在某种意义上都可看作是“住房”。

住房权作为一项基本人权，最初是国际人权法上的概念，早已得到国际社会的广泛认同，自 1948 年《世界人权宣言》公布以来，大量国际文件明确承认住房权。目前，不论是国际还是国内，与住房权相关的领域都发生着令人鼓舞的巨大变化，一些国家已不再满足于简单地规定公民“居者有其屋”，住房权的内涵不断得到丰富和拓展。

（一）国际社会对住房权的相关阐释

人的一生约有 3/4 的时间都在住房中度过，住房对人类健康、安全和幸福至关重要。联合国关于适足住房权的特别报告员曾对“获得适当住房人权”作过这样的界定：“每个女人、男人、青年和儿童都有获得和持续拥有安全的家和社区，安静尊严地生活之权利。”1991 年，联合国经济、社会、文化权利委员会（以下简称经社文权利委员会）就“适足住房权”（The Right to Adequate Housing）发表了著名的第 4 号一般性意见。该意见明确指出，不应狭隘或限制性地解释住房权。例如，不能把它仅视为是头上有遮瓦的住处或把住所完全视为商品而已，而应该把它视为安全、和平和有尊严地居住在某处的权利。所谓适足的住房，包括“适足的独处居室、适足的空间、适足的安全、适足的照明和通风、适足的基本基础设施等基本设备的合适地点——一切费用合情合理”[①]。同时，对“适足住房权”一词也进行了详细解释，经社文权利委员会并未给出一个宏大而空洞的概念，而是通过具体而实在的内容进行了界定，即在某种程度上，是否适足取

① HRI/GEN/1/Rev. 7（2004）. E/1992/23.

决于社会、经济、文化、气候、生态及其他因素，这些方面主要包括：[①]

（1）使用权的法律保障。使用权的形式包罗万象，包括租用（公共和私人）住宿设施、合作住房、租赁住房、房主自主住房、应急住房和非正规住区。不论使用形式属于何种，所有人都应有一定程度的使用保障，以保证得到法律保护，免遭强迫驱逐、骚扰和其他威胁。缔约国应立即采取措施，与受影响的个人和群体进行真诚磋商，以便给予目前缺少此类保护的个人与家庭使用权的法律保护。

（2）服务、材料、设备和基础设施的提供。一幢合适的住房必须拥有卫生、安全、舒适的设备。所有享有适足住房权的人都应能持久地取得自然资源、安全饮用水、烹调、取暖和照明能源、卫生设备、洗涤设备、食物储藏设施、垃圾处理、排水设施和应急服务。

（3）力所能及。与住房有关的个人或家庭费用应保持在一定水平上，而不至于使其他基本需要的获得与满足受到威胁或损害。各缔约国应采取步骤以确保与住房有关的费用的百分比大致与收入水平相平衡。各缔约国应为那些无力获得便宜住房的人提供住房补助，并确定恰当反映住房需要的提供住房资金的形式和水平。按照力所能及的原则，应采取适当的措施保护租户免受不合理的租金水平或提高租金的影响。

（4）乐舍安居。向居住者提供足够的空间并保护他们免受严寒、潮湿、炎热、刮风下雨或其他对健康的威胁、建筑危险和传病媒介，居住者的身体安全也应得到保障。就流行病学分析而言，住房作为环境因素往往与疾病状况相关联，即住房和生活条件不适、不足总是与高死亡率和高发病率相关联的。

（5）住房机会。须向一切有资格享有适足住房的人提供适足住

---

① 参见联合国经济、社会、文化权利委员会第六届会议（1991 年）：《第 4 号一般性意见：适足住房权（〈公约〉第十一条第一款）》。

房。必须使处境不利的群体充分和持久地得到适足住房的资源，如老年人、儿童、残疾人、晚期患者、人体免疫缺陷病毒阳性反应的人、身患痼疾者、精神病患者、自然灾害受害者、易受灾地区的人及其他群体等处境不利的群组，在住房方面应确保给予一定的优先考虑。住房法律和政策应充分考虑这些群组的特殊住房需要。

(6) 居住地点。适足的住房应处于便利就业选择、保健服务、就学、托儿中心和其他社会设施之地点，在大城市和农村地区都是如此，因为上下班的时间和经济费用对贫穷家庭而言是一个极大的负担。同样，住房不应建在威胁居民健康权利的污染地区，也不应建在直接邻近污染的发源之处。

(7) 适当的文化环境。住房的建造方式、所用的建筑材料和支持住房的政策必须能恰当地体现住房的文化特征和多样化，促进住房领域的发展和现代化的活动，应保证不舍弃住房的文化氛围，尤其是应确保适当的现代技术设施。

综上所述，从社会权的角度分析，住房权强调公民享有满足基本生理需求的居住场所，是安全、和平与有尊严地居于某处的权利。住房权是一项重要的基本人权，是每个公民有尊严地生活的基本保障，是受国家法律保护、维持最低住房保障的基本权利。

（二）住房权内涵界定

为清除弥漫在住房权概念上的迷雾，不妨多了解一些学者的观点。蒋承菘、楚道文认为，住宅权是基本人权，是指全体社会成员住有所居和逐步改善住宅条件的权利。[①] 熊惠平认为，居住权是指基于人之所以为人的权利而享有的满足其最低层次生活需要的居住和收益

① 蒋承菘、楚道文：《论住宅权利社会保障立法的若干问题》，载《政治与法律》2008 年第 2 期，第 2 页。

的权利，是公民的基本人权之一。[①] 朱福惠、李燕认为，住房权是指公民有权获得住宅或者拥有适当住房条件的权利。[②] 杜芳认为，积极住房权是指公民在一定条件下所享有的要求政府为其提供符合人格尊严的住房受益权。[③] 郑智航认为，住房权又称适度住房权，是指所有人都享有一定标准的住房条件的权利。从内容上看，住房权主要包括住房使用权的法律保障、免受强制逐出、骚扰或其他威胁；服务、材料、设备和基础设施的可提供性；住房费用水平的力所能及性；住房的可居住性；居住地点方面的标准；住房机会均等。[④] 张群认为，住房权是指任何人及其家庭，在任何地方，都有通过合法途径得到适当住房的权利。对于无法依靠个人的努力（主要是私法途径）获得适当住宅的个人和家庭，国家有扶助和积极保障的义务和责任。[⑤]

上述关于住房权的名称虽各不相同，如住宅权、适足住房权、适度住房人权等，但其内容不能仅理解为四面墙和一个屋顶，或仅视为商品，而应把住房权看作是促进正义、平等、和平的工具，应被视为在任何地方都能安全、有尊严地生活的权利。然而，上文所列举的住房权的概念，大多是从某个方面进行论述，难以涵盖其全部。住房权具有深邃的内涵并具有多层次性，在正式界定住房权概念之前，有必要明确以下几个论点：

（1）住房权作为一项基本人权，联合国《世界人权宣言》首先对其进行了确认，《世界人权宣言》第25条第1款宣布：“人人有权

① 熊惠平：《“穷人经济学”的居住权解读》，载《南通大学学报》2008年第2期，第113页。

② 朱福惠、李燕：《论公民住房权的宪法保障》，载《暨南学报（哲学社会科学版）》2009年第2期，第118页。

③ 杜芳：《论公民住房权的二重性》，载《山西大学学报（哲学社会科学版）》2010年第4期，第112页。

④ 郑智航：《南非公民住房权最低标准浅析》，载《西亚非洲》2010年第2期，第65页。

⑤ 张群：《浅析住宅权》，载《中国社会科学院院报》2007年12月27日，第3版。

享受为维持他本人和家庭的健康和福利所需的生活水准，包括食物、衣着、住房、医疗和必要的社会服务，在遭到失业、疾病、残废、守寡、衰老或在其他不能控制的情况下丧失谋生能力时，有权享有保障。”1966年通过的《经济、社会、文化权利国际公约》第11条第1款被公认为关于住房权最具有普遍约束力的国际法律渊源，其规定为：“本公约缔约各国承认人人有权为他自己和家庭获得相当的生活水准，包括足够的食物、衣着和住房，并能不断改进生活条件。各缔约国将采取适当步骤保证实现这一权利，并承认为此而实现基于自愿同意的国际合作的重要性。”住房权属于经济、社会、文化权利中的社会权，属于第二代人权，不应对其进行过于宽泛的解释，如果某一权利的外延过宽，往往会导致实际内涵的模糊。

（2）住房权兼具公民的物质利益和精神利益，住房是人的生存财产和人格财产的结合，包括人们安全、健康、有尊严的生活。

（3）住房权受社会不同阶层具体住房需求以及不同政治理念诉求的影响，表述的侧重点有所差异。相应地，对于负担保障义务的国家来说，住房权既要求其履行消极义务，又要求其履行积极义务，面对不同住房需求的社会阶层，其义务层次重心有所不同。

基于上述考虑，就目前现有条件而言，对住房权进行完整而清晰的界定尚有一定难度。历史经验表明，时代的发展和人权理念的更新会不断将新内涵注入住房权体系，“我们的大多数确信都不过是我们偶然归属的那个社会中的流行信仰，这些流行信仰只是未加批判地反映了我们的成长、教育、职业训练或社会环境。”① 因此，笔者认为，住房权是指公民有权平等享有不受驱逐的、适居的、价格可承受的、与周边基础服务设施相融合的，能够安全、健康和有尊严地生活的权

① ［美］理查德·A. 波斯纳：《超越法律》，苏力译，中国政法大学出版社2001年版，第6页。

利。为实现住房权，国家应履行重要的责任和义务。在人权体系中，住房权属于社会权，是每个公民维持其生存所必须享有的基本权利，是一项生存权，其更多地要求国家积极干预，并要求建立某种福利制度。简言之，从社会权意义上研究我国住房权的在理论界较少，更多学者从财产权意义上理解住房权，称其为“居住权”①。为准确理解住房权的概念，有必要对两者进行一定的辨析。

二、住房权与居住权辨析

在我国法学界，不少学者混淆了住房权与居住权的概念，如有人认为，“居住权是公民应当享有的基本权利”，还有人认为，居住权是与迁徙自由等同的概念。究其原因：第一，很多民法学者错误地以为“住房权”一词可以与“居住权”一词相互替代，结果在研究和翻译上普遍使用“居住权”，而忽略了住房权一词的发展；第二，在我国法学和人权研究领域很少有学者从人权角度研究住房问题，把联合国的一个《宣言》、两个《公约》和两个《一般性意见》中关于住房权的理念昭示于学界不过是近些年的事情，住房权概念进入公民的观念还需要一个过程。实际上，住房权与居住权在英文中是两个不同的词语，前者为“housing rights”，后者为“right of habitation”，但有些学者未能很好地区分它们，造成住房权与居住权概念的混乱。

其实，居住权是指特定的自然人对他人所有的房屋及其附属设施所享有的占有、使用的权利。居住权制度滥觞于罗马法，目的是保障那些没有继承权又缺乏劳动能力的人的生存需要。在罗马法上，市民资格是取得继承权的前提，但随着经济的发展，无夫权婚姻和奴

① 钱明星：《关于在我国物权法中设置居住权的几个问题》，载《中国法学》2001年第5期，第13页。

隶被解放的现象日益增多，家主去世后那些没有市民资格又没有劳动能力的人的生活就成了问题，因此，家主亡故前常常通过遗嘱的形式将一部分家产的使用权、用益权和居住权转移给尚在世的妻子或被解放的奴隶，使他们不至于生活难以为继。由此来看，居住权制度产生于婚姻家庭领域，目的是保障弱势群体利益。简言之，居住权为特定人的利益而设定，严格限定于自然人，因而在性质上属于人役权；居住权具有时间性即“暂时性”，其最长期限就是该自然人的生存期限；居住权不具有转让性，其客体限于房屋，在其他物体上不可以设定；居住权是因居住而对房屋进行使用的权利，是用益物权。

住房权与居住权有联系也有区别，其联系主要表现为：

（1）两者都以住房为客体。无论是住房权，还是居住权，都离不开住房。而且，两者都不是以住房经济价值的利用和收益为目的，而是基于生活目的对住房使用价值的利用。

（2）居住权是住房权在民法中的体现和保障形式之一。居住权是用益物权，通过对居住权的保护，使特定群体可以对特定住房进行居住和使用，从而在客观上保障他们的住房权。同时，住房权是居住权得以存在的理论依据，之所以在民法中规定和保护居住权，是因为特定主体对特定住房存在特殊需要，即为了保障特定主体的住房权。

（3）住房权和居住权具有相似的制度目的。制定居住权制度的主要目的就在于为特定人群解决居住的问题，这与住房权制度的目的之一即住有所居具有相同的目的和功能。居住权所保障的主体主要是妇女、老人、未成年人等社会弱势群体，而这些群体也正是住房权重点保障的对象。所以，住房权和居住权都具有浓厚的社会保障性质，这反映了现代社会化趋势的要求。此外，住房权和居住权都是依附人身而存在的权利，具有不可交易性。①

住房权与居住权亦具有一定区别，其表现为：

（1）两者主体范围不同。住房权的主体为全体公民，具有一国国籍的自然人都受该国住房法的保障，享有住房权；而且，在一般情况下，一国法律也保护在本国居住的外国人的住房权。与此不同，居住权的主体以特定自然人为限，理由在于：居住权主要基于婚姻家庭关系产生，目的在于保障赡养、扶养和抚养的需要，主要涉及老人、妇女、未成年人等家庭成员的利益，因此其享有者只能是特定的自然人，而法人或其他组织不能享有居住权；② 与住房所有权人不具有特定关系的人不能享有居住权，这反映了居住权所具有的维系家庭和谐的情感关怀功能。从我国目前情况来看，居住权主要解决的是离婚妇女、未成年人、需要赡养的老人以及雇主死亡后保姆的居住问题。

（2）两者标的物的权利所属不同。居住权是在他人住房上设定的用益物权，对他人的住房可能仅仅享有某种债权，如从市场上租赁的住房仅享有租赁权，因此，其必须以他人所有的住房为标的物。居住权人对居住的住房无权出卖，甚至不可出租。而住房权的标的物则无此限制，可以是自己的，也可以是他人的，人们可以基于自己享有所有权的住房实现住房权，也可以基于他人的住房而实现住房权。基于自己享有住房所有权实现住房权时，其所有权可以是完整的，也可以是受限制的，如住房保障方式中的经济适用住房的所有权是不完整的，在处分时会受到一定限制。

（3）两者实现权利是否有偿不同。居住权一般是为了家庭成员等

① 周珂：《住宅立法研究》，法律出版社 2008 年版，第 56～60 页。

② 钱明星：《关于在我国物权法中设置居住权的几个问题》，载《中国法学》2001 年第 5 期，第 18 页。

特定人的基本生活而设定的权利，因而一般是无偿的、具有恩惠性质的行为。[①] 居住权人不因使用房屋而向所有权人支付对价，也不承担房屋的重大维修费用，但是，居住权人要负担水电费等维持房屋正常使用的费用。作为例外，以合同形式设定居住权的，当事人也可约定支付一定费用，这是基于对当事人意思自治的尊重。但是，住房权的实现一般是有偿的，其主要包括自力保障、互助保障及社会保障等方式，当事人一般要支付住房的购买价格或租金。当然，在互助保障和社会保障中，购买价格或租金因享受某种优惠而与市场价格和租金有所不同，但即使这样，实现住房权仍然是有偿的。作为例外，对那些没有能力支付社会保障住房租金的群体，国家一般给予无偿的住房救助，这是对极低收入或无收入人群的特殊安排。

（4）两者享有权利的条件不同。居住权作为用益物权的一种，居住权人必须实现对他人住房的占有，才能享有居住利益，这是毋庸置疑的。所以，居住权是一种实然的私权，只有占有他人住房，才可能享有居住权。住房权则不同，住房权是一项基本人权，人人都应该享有这一权利，不管是否“占有”住房，任何人都享有实现住有所居的权利。所以，住房权是一项社会权、一种应然性的权利，一旦实现，法律即通过住房财产权，如物权、债权等来保护主体对住房的占有。[②] 此外，居住权会因为特定住房的灭失、特定人身关系的终止、特定主体的消灭、抛弃等原因而消灭，而住房权只会因为主体消灭而消灭，不会因为住房的灭失而消灭，一般也不可抛弃。

---

① 王利明：《物权法论》，中国政法大学出版社 2003 年版，第 533 页。

② 楚道文：《论住宅权》，载《前沿》2010 年第 11 期，第 59 ~ 60 页。

第二节　住房权的内容

在内容上，住房权并非是独立存在的，其在所包含的各项具体权利之间相互依存、相互支持、有机结合、不可分割。并不是说一个人拥有一套住房就充分享有了住房权，它是一个权利体系，而非单个权利，正如 Mayra Gomez 所言："在界定公民住房权内容时应当从公民住房权的概念出发，同时对其不能作限制性的理解，不能仅仅考虑住房的结构和面积等物理要素，还要考虑个人和家庭的具体需要、偏好。我们不能将适足的住房仅仅限定为人们头顶上盖有屋顶的建筑物或者只是将其看作人们的一件日用品，还应当将其看作人们安全、平静、尊严地生活的处所。"因此，根据前文对住房权概念的论述，笔者认为住房权的内容主要包括住房平等权、住房不受驱逐权、住房价格可承受权、住房适居权、住房融合权。

一、住房平等权

住房平等权，是指人人享有平等地获得住房的机会，任何公民在无能力购房时，都可以平等地享受国家优惠的住房政策，平等地享受建材、土地、基础设施和服务等诸多住房资源。住房平等权是维护公民机会平等、保持收入差距适度、实现社会相对公平的必要途径。住房平等权要求国家在提供住房时必须一律平等、标准统一，不得以性别、种族、年龄、职业、家庭出生、宗教信仰、财产状况等不合理的因素作出歧视性规定。人人都有获得充分住房的权利，任何人不应在住房的取得或使用上遭受歧视，应当平等享有住房机会，弱势群体有充分和持久得到适当住房资源的权利，并应得到优先保障。在现实生活中，存在各种形式的歧视，如在美国，对有犯罪前科的人申请公共住房进行了严格限制，如果一个人曾实施过性犯罪或者制造过毒品，就终身丧失享用公共住房的权利，而实施犯罪的大多是贫困的非洲籍或西班牙籍美国人，这些人在享受住房权时事实上就遭受了歧视。

住房平等权是保障住房权的基本出发点。对此，一些国际条约和惯例都作出了禁止住房歧视的规定，如《消除一切形式种族歧视公约》第5条第（辰）（3）项中要求缔约国必须消除一切歧视，保证人人不分种族、肤色、民族地享有住宅权。《儿童权利公约》要求保护儿童的住房权，第16条第1款规定，儿童的隐私、家庭、住宅或通信不受任意或非法干涉，其荣誉和名誉不受非法攻击，第27条第3款规定，缔约国按照本国条件并在其能力范围内，应采取适当措施帮助父母或其他负责照顾儿童的人实现此项权利，并在需要时提供物质援助和支助方案，特别是在营养、衣着和住房方面。《消除对妇女一切形式歧视公约》第14条第2款（h）项规定，“缔约各国应采取一切适当措施以消除对农村地区妇女的歧视，保证她们在男女平等的基础上参与农村发展并受其惠益，尤其是保证她们有权……（h）享受适当的生活条件，特别是在住房、卫生、水电供应、交通和通讯方面”。同时，住房平等权也得到了许多国家的宪法的确认，多数国家的宪法将享有住房权的主体规定为自然人，如葡萄牙宪法规定为“任何人”，阿塞拜疆宪法规定为“每个人”，瑞典宪法规定为“需要住房的人”，1975年《希腊共和国宪法》规定为“无处栖身或者住房不足者”，这些规定表明，在这些国家，宪法已统一了住房权的标准，除此之外，不得附加任何限制标准。除宪法规定外，一些国家在保障住房平等权方面还进行了专门立法。如美国1968年的《公平住房法》就是针对住房平等的专门立法，其具体规定为：“任何住房歧视性的行为均为非法；禁止在住房方面由于人种、肤色、性别、国籍、年龄、宗教、残疾人和有孩子的家庭（主要指单亲家庭）等原因而受到歧视；国家将提供技术援助，以联邦、州、地方、其他公共或私人机构、团体来指定或经营住房项目以防止或消除歧视性的做法。”这些规定涵盖了民间与公共住房，在销售或出租时，不得以残疾或家庭状况为条件，或不得在签约条件、服务的提供、设施的利用等方面有任何歧视性行为，而且还规定了行政法官在确信有住房歧视性行为时有权要求其采取公平的补救措施，这无疑为公民平等享有住房权提供了强有力的法律保障。

二、住房不受驱逐权

住房不受驱逐权，是指不能在违背个人或家庭意愿的情况下，将他们长期或临时驱逐出居住的房屋或土地，在被非法驱逐之时，能够援引适当的法律或通过其他措施获得保护。不论是自有住房、租赁房、合作住房、应急住房还是非正规住房，法律都应该保障住房者的权利，公民的私生活、寓所或信件不应受到任何非法干涉，如强迫驱逐、骚扰和其他威胁。基于住房权的重要性，联合国经济、社会和文化委员会于 1997 年专门针对强迫驱逐通过了《第 7 号一般性意见：适足住房权（〈公约〉第十一条第一款）：强迫驱逐》，该意见强调，各缔约国必须确保有充分的立法和其他措施防止强迫驱逐，并酌情惩罚个人或集体在没有适当保障的情况下强迫驱逐别人；国家的义务不因为其财富和社会资源而有所不同，当这些义务是最基本的人权对应的义务的时候更是这样；强制驱逐可能发生在所有国家，与国家的发展水平没有关系，而且低水平的发展并不能成为免除国家义务的理由；公民如果没有得到国家充分的保护，任何人有权不受强迫驱逐。

该意见还明确指出，各国政府有基本义务去保护和改善公民的住房，而不应损害或拆毁。由于权利的联系性，强迫驱逐不仅明显地侵犯了《经济、社会、文化权利国际公约》所规定的住房权，同时还可能侵害公民的其他权利，如生命权、人身安全权、个人隐私权、家庭和住宅不受干扰权，以及和平享用财产权等。该意见同时还指出，若强迫驱逐具有正当性，则驱逐的执行必须严格“遵守国际人权法的相关规定，并符合合理与比例原则”。

另外，在《人类住区议程》中，各国政府共同做出了承诺，“保护所有人不受违法的强迫驱逐，提供法律保护并对违法的强迫驱逐采取补救措施，同时考虑到人权情况，如果不能避免迁离，则酌情确保其他适当的解决办法。”由此说明，住房的不受驱逐权并非是绝对的。在特定条件下，政府可以拆除公民的住房，但必须以重大公共利益为前提，必须遵循正当法律程序，必须提前进行公示、听证，不能强制暴力拆除。更重要的是必须预先进行补偿，以保证失去住房的公民不会丧失其生存权。“驱逐不应使人变得无家可归，或易受其他人的侵犯。如果受影响的人无法自给，国家必须采取一切适当的措施，用尽所有的资源酌情提供新的住房、新的住区或新的有生产能力的土地”。

三、住房价格可承受权

住房价格可承受权，是指住房的价格水平不应过高、超出公民的租赁或购买能力，公民应当享有依自身经济水平能承受住房价格的权利。住房价格可承受权要求与住房相关的个人及家庭开支应保持在一定水平，而不至于使其他生活必需品的获得与满足受到威胁或损害，这是住房权保障的重点与核心难题之一。在建筑技术已实现现代化、住房短缺和质量问题得到根本改善后，住房价格的可承受性已成为住房权保障的头号难题，这一标准也变得更有现实意义。我国目前由于市场需求较大、部分地区投资性和投机性购房大量增加、住房供应结构不合理、开发建设成本提高等诸多因素，一些城市住房价格上涨过快，住房价格不可承受已成为当今最大的议题之一。不断飙升的房价，使越来越多的年轻人沦为“房奴”，甚至还产生了“想当房奴都难”的现象。然而，与高房价相对应的是住房的高空置率，国家统计局发布的《2015 年 1—12 月全国房地产市场运行情况》表明，2010 年 6 月，全国商品房空置面积分类指数为 104.65，比 5 月提高了 1.17 个百分点，比去年同期提高了 16.06 个百分点，截至 6 月末，“全国房地产开发企业商品房待售面积逾 1.9 亿平方米，同比增长 6.4%”。尽管政府不断采取措施抑制住房价格，但是效果并不明显，高昂的住房价格依然是直接影响中等收入人群和住房弱势人群实现住房权的最大障碍。因此，住房价格可承受权是住房权实现的重要内容。

四、住房适居权

住房适居权，是指国家为公民提供的住房应当是健康、舒适、适合居住的，并且符合基本的安全、卫生和其他相关标准。此权利表明，国家不仅要为公民提供住房，而且还要通过各种方式努力提高住房的质量和标准，以使公民能够享有舒适的住房。《世界人权宣言》强调每个人都有权享受有质量的生活水准，包括充分的住房。住房适居权亦为各国宪法所确认，如葡萄牙宪法规定：“任何人都有权要求为其及其家庭供给面积充足、卫生与舒适，使个人私生活和家庭生活受到保护的住房。”同时，该宪法还强调国家在保障住房权方面的义务为“指定并实施住房政策作为国土总体改造规则的组成部分，并辅之以能够保证提供充分的交通与公用设施网络的都市化规划”。除葡萄牙外，一些国家还专门通过了有关住房标准方面的法律、法规，以保证公民能享受健康生活。如美国《住房条例》要求每一栋房子必须有防水的屋顶、烟囱、防火通道、通风设备、倾倒垃圾的设备。《公平住房法》则规定得更加具体：住房的设计应当确保无障碍通过；在浴室墙壁后应设置扶手；厨房和浴室等应当具有个人在轮椅上回旋的空间以及建筑和设施应当确保无障碍的可用性等一些有关适居条件的条款。

总的来说，住房适居权除应充分考虑特殊群体的特殊需要外，如残疾人活动的无障碍设施以及老年人的紧急救助设施等，还应考虑住房的地理位置、周围环境、通风、采光及居住面积等，其主要内容包括：（1）住房要有足够空间，拥挤的住房不适于居住。（2）住房必须是完整的，拥有卫生、安全、舒适和健康必需的设备如厨房、卫生间等。（3）住房必须是安全卫生的，能够保护居住者免受严寒、潮湿、炎热、刮风下雨、建筑危险、传病媒介或其他对健康的威胁。（4）住房必要的资源和服务必须是完备和持续的，如日照时间、安全的水源、能源（电力）、垃圾处理、排水设施和应急服务。现在还应该包括信息服务，如电话、电视、网络等。（5）住房不应建在威胁居民健康权利的污染地区，也不应建在直接邻近污染的地区。（6）住房社区的配套设施齐全，除了前述的水电等生活服务之外，还要有便捷和可以承受的交通、教育、医疗和购物等设施和服务。（7）住房应拥有适当的文化环境。住房适居权对居民的身体健康和心理健康都非常重要，是实现住房权必须包含的内容。

五、住房融合权

住房融合权，是指不同阶层的公民不能因为住房隔阂而造成社会分离，享有与城市周边环境及周边基础设施相融合的权利。住房应处于方便就业选择、医疗服务、学校和其他社会基础设施的地点，住房的建造方式、使用建材和支持政策必须能恰当地体现住房的文化特性和多样性。公共住房的选址和布局既关系到城市总体规划，也关系到社会的稳定和谐，如果公共住房集中在城市特定区域且有形成“贫民窟”的可能，那么这种低教育水平、低就业率、高犯罪率的区域就会逐步成为城市发展的隐患。在我国，有些开发商提出了“只为富人建造房子”的口号，为了避免西方曾经出现的“贫民窟”现象，我国许多地方政府采取了许多行之有效的措施，例如，石家庄市规定从2010年6月1日起，凡在石家庄市区范围内新建的普通商品房项目和经济适用住房项目，要一律分别按不低于5%和15%的比例配建廉租房。

第三节　住房权兼具双重属性

一、住房权是一项生存权

住房权是一种生存权意义上的住房权。所谓生存权，一般理解为人按其自然和社会本性有维护自己生命的最基本的权利，它不仅包括人的生命不受非法剥夺的权利，也包括维持人的生命存在所必需的生活保障的权利。[①] 生存权是基本人权，是享有和实现其他人权的基础和前提，它包括两方面内容：生命安全权与生命存续权。生命安全权是指人的生命非经法定程序不受任何伤害与剥夺的权利。生命存续权是指人作为人应当具备一定生存条件的权利，如衣、食、住、行等各方面的物质生活保障。住房是人的基本生理需要，有房住是人能够立

① 谷春德：《人权、民主、法制论丛》，中国检察出版社2004年版，第221页。

足于社会的基本前提。人为了有尊严地生活必须享有住房权，如果只保护其免受任意侵犯，这对有能力获得住房的人来说是有意义的，而对那些无家可归者，自由就是空中楼阁：住房尚无，又何谈住房内的自由。正如英国法学家伯林在其著作中所提到的："向那些衣不蔽体、目不识丁、处于饥饿与疾病中的人提供政治权利或者保护他们不受国家的干涉，等于嘲笑他们的生活状况，在他们能够理解或使用他们日益增长的自由之前，他们更需要医疗援助或受教育。对那些不能使用自由的人，自由又是什么呢？没有运用自由的适当条件，自由的价值何在？"①

另外，住房权也会影响到生存权及"生存权侧面的基本权利"的实现。例如，住房权会影响到受教育权，居无定所会导致儿童失去受教育的机会，无家可归已被证明是严重阻碍儿童充分享有受教育权的因素，因为住房不稳定而频繁更换学校会影响生活在低收入家庭的儿童的学习效果。如果住房权得不到保障，人的基本权利——生存权也就无法得到保障。住房权作为一项主要依靠国家积极干预而实现的"像人那样生存"的权利，其目的在于消除伴随经济发展而产生的社会弊病，为此要求国家积极地干预社会经济生活，保护和帮助住房困难群体。因此，住房权是实现生存权不可或缺的组成部分，是生存权的必要内涵，国家有义务保障公民对住房的权利，力争实现"居者有其屋"，从某种程度上来说，生存权意义上的住房权才是最根本的，才是基本人权的首要意义。

二、住房权是一项宪法基本权利

尽管住房权作为社会权已得到越来越多的国家认可和接受，但也有少数发达国家并不认同住房权的基本权利性质，如美国、加拿大、

① ［英］以赛亚·伯林：《自由论》，胡传胜译，译林出版社 2003 年版，第 192 页。

澳大利亚等。反对者认为包括住房权在内的社会权的实现由于需要国家的积极行动，并常常涉及代议机构的财政支持，因而不属于基本权利。而支持者认为，基本权利的概念是开放的，不应因为其与自由权在结构上不同，就否认社会权的基本权利性质。鉴于住房权是人之所以为人不可或缺的权利，人们对其基本权利性质上的分歧主要源于对基本权利的"本质要素"存在认识差异，为避免论证中的各说各话，必须为基本权利议题寻找一个共同起点，而能够容纳实质内容争议的主要是形式性的概念框架。阿历克西认为，无论是赞成或反对某项权利为基本权利，也无论实质性论据是什么，承认存在一项基本权利就必然意味着，某一项权利是如此重要，以至于不能将其交由多数人控制的议会完全决定。①

也就是说，争议中存在的共识是，基本权利是公民最为重要和基本的权利，它是公民保护自己利益的最后"王牌"，即使地位最高的民主代议机关也不能随意限制或剥夺这类权利。在基本权利的证明问题上，由于宪法权利是实证法意义上的权利，因此它必定以宪法条文为依据，当宪法中明确规定公民具有某项基本权利时，在该宪法所适用的地域内存在这样一项基本权利是显而易见的。但是，很多时候，宪法并没有以显而易见的明确方式规定一项基本权利的存在，而是以相对模糊的方式规定国家对公民的某种利益进行保护，此时是否存在一项公民权利就无法完全凭文字本身来确定，只有结合相关基本人权理论进行解释和论证后，答案才可能产生。

因此，"某项权利是宪法基本权利"的论断主要来自两个层面的支持：一是在实在法的规范层面有"事实上"的根据；二是在理论的

---

① ALEXY. *A Theory of Constitutional Rights*, translated by Julian Rivers. London: Oxford University Press, 2002: 36. 转引自：王蕾：《住房权实现中国家平等对待义务的客观性》，载《求是学刊》2010 年第 2 期。

规范层面有“应当如此”的正当化基础。当制宪或释宪机关认为，住房权在理论上的重要程度使其不能留待议会的简单多数作出最终决定，以至于必须在宪法层面上对其加以保障时，那么住房权就是一项基本权利。①

实践中，无论是在事实上还是在理论上，住房权都是公民生存的基础，是一项社会权，其性质应属于公民的宪法基本权利。公民享有此权利意味着国家必须积极提供居住机会和条件，通过采取一系列措施创造条件使每个公民都享有住房，从而大力保障公民住房权。但这并不意味着国家直接负有向公民提供住房的义务，国家义务更多地体现在制定法律、法规和积极政策、措施上，保障每个公民的基本住房权。住房权的基本权利性质问题虽然具有国际意义，但归根结底仍属于一个国家内部的法律问题，是否将其视为基本权利不能仅仅以其他国家的做法为依据，必须寻找符合本国法律传统的内在根据。

我国虽然已加入诸多包含住房权保障条款的国际公约，但是在宪法和法律层面上，住房权的法律地位并没有得到清晰界定。多数学者认为，鉴于住房权重要的基本民生地位以及我国已经批准加入相关国际公约的事实，我国应进一步通过修宪的方式来确立住房权的宪法地位，以便在不同法律层级落实具体的保障措施。②

三、住房权兼具积极权利和消极权利双重属性

随着世界人权的发展，住房权已被国际社会普遍认可，是一项重

① 王蕾：《住房权实现中国家平等对待义务的客观性》，载《求是学刊》2010 年第 2 期。

② 陈军：《公民居住权的宪法地位》，载《延安大学学报（社会科学版）》2008 年第 2 期；张小罗：《论公民住房权的宪法保护——基于财政宪法的理论视角》，载《广州大学学报（社会科学版）》2008 年第 11 期。

要的基本人权。尽管住房权的理论和实证研究越来越受到人们的重视，但是学术界对住房权的理解仍存在一些片面性，集中表现在对住房权的认识大多停留在消极权利层面，侧重于住房权的防御功能，而对已被联合国《经济、社会、文化权利国际公约》明确规定的住房权则关注不够。从住房权的人权属性来看，完整的住房权兼具积极权利与消极权利双重属性，是一项复合型社会权。

传统理论认为实现自由权依赖国家消极不作为，而实现社会权却需要国家积极作为，因而，住房权等诸多社会权都是积极权利。这一观点越来越受到学者质疑，“所有的人权既要求积极作为，又要求对国家予以限制，此外，一项权利是相对积极还是相对消极，通常取决于特定的历史环境。比如，在堪萨斯的麦地里，食物权完全是一项消极权利。但是，在瓦兹或东洛杉矶，它则是相当积极的权利。在斯德哥尔摩，不受虐待的权利基本上是一项消极权利，但是，在南布朗士，它则多少是比较积极的权利。在阿根廷，20 世纪 70 年代后期，它是非常积极的权利，而在今天，它更近于一项消极权利”①。

莫纪宏教授认为，“社会权概念有两层含义：一是公民有依法从社会获得其基本生活条件的权利；二是在这些条件不具备的情况下，公民有依法向国家要求提供这些生活条件的权利。”② 还有学者认为，“自由权与社会权的性质已经由对立走向融合，每项宪法基本权利都具有消极权利和积极权利双重属性，宪法基本权利是消极权利与积极权利的统一和融合，但就每项具体的宪法基本权利而言，消极权利与积极权利的融合并不是 50% 与 50% 的融合，一些权利所具有的消极权利属性比例重一些，而另一些权利所具有的积极权利属性比例多一

---

① ［美］杰克·唐纳利：《普遍人权的理论与实践》，王浦劬等译，中国社会科学出版社 2001 年版，第 33 页。

② 莫纪宏：《论对社会权的宪法保护》，载《河南省政法管理干部学院学报》2008 年第 3 期，第 2 页。

些，而且往往是一些权利在某一历史时期消极权利属性相对明显，而在另一历史时期其积极权利属性相对强一些。”

的确，与传统消极自由权不同，住房权在实现方式上对国家提出了更多积极要求。对国家来说，“住房权实现的给付义务”远比“不得制定法律限制公民的言论自由”包含更多选择余地，国家履行保障住房权义务在相当程度上依赖于各国的具体政治经济文化条件。在住房保障制度比较成熟完备的国家，明显体现出住房权实现方式的多样性与不确定性，政府可以通过自己出资修建保障性住房的方式直接介入房地产市场，也可以通过对修建公共住房的相关社会团体进行补贴的方式间接介入市场，或者对住房存在困难的家庭提供贷款、补贴、税收等优惠方式帮助其购得或租赁住房。因此，在国家对住房权的义务中，国家拥有相当大的自由裁量权来决定其住房保障的政策选择。只是，这个自由选择的范围究竟有多大，才能与住房权的基本权利性质并行不悖？这有待深入考量，因为如果国家在住房政策内容上是完全自由的，那么，住房权的基本权利性质将变得毫无意义。

因此，住房权既具有消极权利属性，又具有积极权利属性，其消极权利要求国家，当公民取得住房后，免受国家的不适当干预与限制；其积极权利要求国家，承认住房权的合法性，采取积极措施为公民提供住房公共资源，通过适当步骤保证实现这一权利，当公民客观上无法获取适足住房时，有权要求国家给予积极救助。当然，实现住房权，不是保证每个人或每个家庭都可以拥有住房，而是保证公民至少能居住在安全、和平的居所，此居所不仅指拥有“四面墙”，还应配备人们日常生活所需的最基本的基础设施。

第三章　保障住房权的国家义务之体系构成

第一节　基本权利的国家义务理论

一、国家义务对基本权利保障的重要价值

保障与实现主体的正当利益追求是创设一切制度的核心思想与基点，在这个意义上，权利是符合该常态思维的主线，义务则是实现权利的对应物、从生物。[①] 基本权利是宪政的基础和目的，其实现与否离不开相应国家义务的适当履行。国家义务是与基本权利相对应的宪法学基本范畴，是基本权利的根本保障，也是权利保障与权力制约的根本手段。“国家义务是指国家在调和冲突和调和潜在利益之场域中，通过共同政治形式之良性运行以满足与保护民众充分表达利益的机制，使民众能够得以安定有序共存，从而使民众过上优良的生活、自由的生活。而保障人权实属国家义务当然之具体化，民众基于人权之诉求为国家提供了正当性基础，国家保障人权实则为题中应有之

① 彭诚信、邹潇：《义务观念的现代理解》，载《学习与探索》2005 年第 5 期。

义。”[①] 因此，国家义务源自公民权利并以公民权利为目的，应当成为公民权利的根本保障。

国家义务基于满足公民基本权利的需要而产生，基本权利的需要决定国家义务并进一步决定国家权力，而国家权力服务于国家义务并进一步服务于公民基本权利。公民基本权利的实现与许多因素有关，但主要由国家进行保障，与国家权力对公民权利的间接保障相比，国家义务是对公民权利的直接保障、根本保障。“其一，国家义务直接渊源于公民权利并以公民权利为唯一目的，而国家权力需要通过国家义务的中介才能服务于公民权利。其二，从法技术的角度看，法律作为控制、规范社会的手段，要想达到法律的权利保障目的，主要通过义务性规范，而非权力性规范来实现。其三，从国家义务视角看公民权利的保障，能突显和强化国家的任务、目的和理念，淡化国家权力，突出公民权利，有助于改变人们关于国家的惯性思维，变革过去对国家权力保障公民权利的陈旧观念，从而使公民权利成为法律的真正目的和追求，更新为以国家义务保障公民权利。其四，与国家权力对公民权利的保障相比，国家义务是根本保障。国家权力虽是公民权利的保障者，但同时也是公民权利潜在的最危险的侵害者，国家权力运用不当极易侵害公民权利，而国家义务则不仅不会侵害公民权利，而且能迫使国家权力服务于公民，因而只能保障公民权利。”[②]

国家的终极目标是使公民拥有最为美好的生活，因此国家的基本义务就是创设并满足有利于公民实现美好生活的条件，履行相应义务，恪守相应责任，采取一切合理措施令公民过上有尊严的、体面的生活。

---

① 蒋银华：《论国家义务的基本内涵》，载《广州大学学报》2010 年第 5 期。

② 龚向和：《国家义务是公民权利的根本保障——国家与公民关系新视角》，载《法律科学》2010 年第 4 期。

二、基本权利的国家义务层次理论演进

人权法学家路易斯·亨金认为："人权不仅包括消极的'免于要求'——限制政府向个人做不该做的事的权利，而且包括积极的'资源要求'——要求社会为个人提供应该提供的各种权利和自由，从免于扣押和酷刑的自由到享有言论和集会的自由，以及吃住和其他的基本生活需要。"① 在这种理念指导下，人们开始认识到国家义务对于公民基本权利的保护不能再仅仅停留在道义上，而应转化为积极意义上的促进和推动，渐进地成为国家的既定法律义务。住房权的实现同样需要国家履行相关义务，在清晰界定国家保障住房权的最低核心义务之前，我们有必要了解国家义务层次理论的一般内容。

义务层次理论认为，无论经济、社会、文化权利还是公民和政治权利都包含不同的义务层次，即使社会权也包含相应的消极义务，因此，两类权利在义务层次上并没有太大显著区别。美国的亨利·舒（Henry Shue）是较早提出此理论的学者之一，他认为，保障社会权并不见得要求国家采取比保障自由权更多的行动，不论是自由权还是社会权都同时具有积极的一面和消极的一面，"积极权利和消极权利"这样的权利二分法太过于简单化，对权利可以从义务的角度进行区分，并没有任何一种权利是与某种特定义务相对的。那种认为每个权利只是具有一个对应义务的观念是错误的，实际上任何一种权利都需要多种义务的履行才能得到充分实现。他把与每种基本权利相对应的义务分为三类：（1）避免剥夺的义务；（2）保护个人不受剥夺的义

① ［美］路易斯·亨金：《权利的时代》，吴玉章、李林译，知识出版社1997年版，第2页。

务；（3）帮助被剥夺者的义务。[1]

亨利·舒提出义务层次理论后，很快得到了国际人权法学界响应。菲利普·阿尔斯顿和阿斯布佐恩·艾德主编的《作为人权的食物权》一书就基本接受了亨利·舒的观点。其中，艾德将亨利·舒的义务层次论的术语作了适当调整，将三个层次的义务分别称为尊重的义务（the obligation to respect）、保护的义务（the obligation to protect）和实现的义务（the obligation to fulfill）。它取代了传统的消极义务与积极义务“二分法”，指明自由权与社会权都包含一种从“消极”逐步向“积极”过渡的义务谱系，在两种权利之间架设了桥梁。当然，其他学者有不同主张，认为义务应当分为四个层次，除尊重义务和保护义务外，第三个层次是实现或者保证义务（the duty to fulfill or to ensure），第四个层次是促进义务（the duty to promote）。[2]

上述国家义务“三分法”已成为基本共识，但对三部分内容的换体界定仍众说纷纭，不同学者在“三分法”框架内就各个层次提出自己不同的见解，即使坚持艾德的“尊重、保护和实现”三分法，其理解也不完全相同。换言之，艾德的三分法理论远非尽善尽美，“实现”在语义上一般是指某一行为的结果状态，而不是该行为的履行方式或手段，因此“实现”不仅包含了“保护”，而且事实上也囊括了“尊重”在内。我国台湾地区法官吴庚指出：宪法所保障之各种权利，无论属于消极性防御公权力之防御权——各类自由权属之，或积极性要求国家提供服务或给付之受益权——社会权为其中之典型，国家均负有实现之义务。[3] 可见，尊重、保护和实现的角度并不足以清晰区分

① Henry Shue, *Basic Rights: Subsistence, Affluence and U. S. Foreign Policy*, Second Edition, Princeton University Press, 1996, p. 52.

② 转引自黄金荣：《司法保障人权的限度——经济和社会权利可诉性问题研究》，社会科学文献出版社2009年版，第146页。

③ 贺祥宏：《中华民国宪法》，高点文化事业有限公司2006年版，第26页。

出国家所负义务的种类。

张翔教授从基本权利功能出发，将国家义务划分为消极义务（不侵犯义务）、给付义务（提供各种物质、程序给付和其他相关服务的义务）和保护义务，该说中“消极”义务与艾德的“尊重”义务在本质上是一致的，强调国家对自身的约束，“给付”一词贴切地表达了国家的作为义务，摒弃了艾德“义务层次理论”中各要素间交叉、羁绊的不足，客观上完善了艾德的义务层次理论。然而，该说同样存在一定缺陷，除存在三要素词性不一致的表面欠缺外，其将国家给付义务和保护义务按作为方式片面、简单地统归于国家的积极义务，作为与尊重义务并列的层次，不仅模糊了二者的区别，而且遮掩了国家保护义务的防御性质，容易沦为公权力不当扩张的借口，是对宪政基本理论的威胁。通过对不同国家义务分类学说进行探讨，取长补短，我们认为，艾德理论的“实现义务”内容过于宽泛，根据其意思可具体限定为“给付”，所以国家义务宜划分为尊重、保护和给付三个层次。①

第二节　基本权利的国家义务构造

一、国家尊重义务

国家尊重义务，是指国家自身不妨碍和不干预公民权利的义务。尊重义务与基本权利防御权功能相对应，是国家首要的、最根本的、

① 龚向和：《理想与现实：基本权利可诉性程度研究》，载《法商研究》2009年第4期，第37页。

最主要的义务。亨利·舒在谈到尊重义务时说，这种义务要求“不采取行动剥夺他人的生存手段，凭借这种手段他们就可以满足自己的生存权或者使他们能够满足自己的生存权，除非这些人自己采取了有害的行动”①。很显然，尊重义务的对象应是某些已实际存在的东西，只有事先存在某种生存手段，才能谈得上尊重问题，这对于公民和政治权利还有社会权都是适用的。法律上的尊重义务就是国家避免和自我克制对个人权利的侵害，保障已存在的东西继续存在。“已存在的东西”既包括政府未采取积极行为就已产生的东西，又包括政府通过积极立法行为而产生的并且一直予以承认的东西，为使人们已享受的权利得以延续，国家必须持续履行最基本的尊重义务。

从历史角度来看，古典基本权利的建构与形成，最初以公民对抗国家的防御权形态出现，旨在保障公民请求国家不得为特定干预行为。这种“基本权利指那些先于国家及超越国家存在的权利，并非国家制定的法律所赋予，而是对已有的权利加以承认及保障。个人的自由与平等是国家独立存在的条件，也是国家权力行使过程中的界限。基本权利从本质上来讲并非一种法益，而是一种广泛的自由，从而产生各种权利——特别是防御权——针对国家公权力的不受限制的个人自由空间”②。从防御权角度看，在自由资本主义时期，国家承担的义务主要是不干预、不侵害公民个人的自由空间。进入福利国家时代，要求国家对传统上纯粹属于私域事项进行干预的呼声日渐高涨，但自由主义的精神并未因此而消亡。因此，尊重义务表明了基本权利的防御权功能，其被视为国家的否定性义务，它要求国家不去妨碍个人行使权利或不为特定侵犯权利的行为，禁止国家违反公认的权利和自

---

① Henry Shue, *Basic Rights: Subsistence, Affluence and U.S. Foreign Policy*, Second Edition, Princeton University Press, 1996, p. 55.

② ［德］卡尔·施米特：《宪法学说》，刘锋译，世纪出版集团、上海人民出版社2005年版，第175页。

由，不干涉或限制这些权利和自由的行使。尊重义务相对而言是消极的，它强调国家在主观上对基本权利认同、容忍，在客观上采取不干预、不妨碍等不作为方式予以保证。尊重义务在操作上最为简单，只需国家坚持自由权的价值理念，严格遵守法律规定，不干预、不妨碍公民正当的自由行为即能实现。

二、国家保护义务

国家保护义务，是指国家必须采取积极措施预防、制止、惩罚第三人侵害的义务。保护义务旨在使基本权利免于第三人侵害，产生于某种实际存在的权利被剥夺或者处于危险之时，这意味着其所保护的对象也必然是某种已实际存在的东西。履行保护义务需要大量资源，因为保护义务就是一种对权利进行救济的义务，“权利是昂贵的，因为救济是昂贵的”[①]。没有救济就没有权利，法律在确认国家尊重义务时，也会对违反这种义务规定明确的惩罚，保护义务就变得理所当然。在现代社会，宪法、刑法、行政法、诉讼法都承担了履行保护义务的任务。另外，需要注意的是，保障权利不仅意味着要求对侵权行为进行惩罚，也要求对可能的侵权行为进行有效预防，这是权利的应有之义。然而，现代法律对政府预防保护义务却常常语焉不详，从而导致人们对国家采取预防性措施的必要性和充分性产生很大争议。

尊重义务和给付义务只涉及公民和国家之间的关系，而保护义务则涉及受害者、国家和侵害者之间的关系，其履行方式比尊重义务的不作为和给付义务的作为更具复杂性，不能仅从约束公权力本身达到目的，而必须从第三人侵害的特点出发，对公权力提出要求。

---

① 史蒂芬·霍尔姆斯、凯斯·桑斯坦：《权利的成本——为什么自由依赖于税》，毕竞悦译，北京大学出版社 2004 年版，第 26 页。

“国家保护义务在于保障私人间之基本法益不受侵害，此时国家权力必须采取履行其义务之必要手段及措施，无论为事前或事后均属之”。[①] 针对第三人侵害的可能性、实时性和破坏性，可以将国家的保护义务划分为预防、制止和惩罚三种履行方式。

第一，预防义务是指针对第三人可能产生的侵害，国家负有采取相应的对抗措施，防止侵害的产生或者降低侵害行为的危害程度的义务。[②] 在保护义务中，预防义务具有明显的特殊性。首先，在公民与国家的关系中，国家权力的行使受到严格限制，而预防义务需要国家对尚未形成的侵害行为采取相应措施，容易造成国家权力越位或者滥用的嫌疑。为平衡两者的矛盾，预防义务侧重针对一般情形的制度保护，并且体现普遍受益性。其次，预防义务对权利的保护具有很大的前瞻性，恰当的预防措施可以将可能的侵害扼杀在实施之前或萌芽状态，甚至铲除侵害发生的土壤，把权利的损害降到最低。最后，预防义务是制止和惩罚义务的前提和基础，预防一般针对可能的侵害，制止和惩罚都针对已经实际发生的侵害，如果预防措施不得力，制止和惩罚便会力不从心，基本权利难免陷入危机之中。

预防义务主要由立法机关承担，行政机关也具有重要作用。预防主要发生于侵害实施之前，更多地表现出对社会行为的一般指引。为了有力保障公民的基本权利，立法机关有义务总结概括以往立法实践经验和借鉴他国成功经验，尤其有义务对第三人可能造成的侵害进行周密考量和适当超前防备，按照比例原则权衡各方利益，通过立法对某些基本权利的行使采取适当限制，为公民提供一定的行为模式，营造有序环境，确保公民自由行使权利而又不妨碍他人行使权利。除提

① Vgl. Robbers, G., Sicherhert als Menschenrecht, 1987, S. 1 ff. 转引自陈慈阳：《宪法学》，台湾元照出版有限公司2005年版，第357页。

② 龚向和、刘耀辉：《论国家对基本权利的保护义务》，载《政治与法律》2009年第5期，第62页。

供行为模式外，立法机关还须提供一套便于实施的组织和程序，确保基本权利在受到第三人侵害时能够及时、有效地获得国家保护。徒法不足以自行，制定出来的法律须依靠行政机关实施才能实现。行政机关必须按照法律的明确规定或在法律规定的范围内根据实际情况适当行使自由裁量权，建立和完善各种预防侵害发生的规章制度和设备资源，发挥好组织协调作用。

第二，制止义务是指当第三人侵害正在发生时，国家负有的制止第三人侵扰、确保基本权利正常享有的义务。受诸多因素影响，再周密的预防措施也不可能完全阻止第三人侵害的发生，当实际侵害发生时，国家有义务采取直接、快速的措施制止该行为，此时，制止义务具有很强的直接性和实时性。然而，第三人即使正当行使基本权利也可能构成对基本权利的侵害，这就产生了国家保护义务的矛盾性。在国家、侵害者和受害者三者之间，受害者享有积极请求保护的权利，而侵害者基于防御作用享有消极要求免于国家干预的权利，在这种权利冲突中，国家必须权衡双方利益，“也就是说，只有在国家对被侵扰的人采取行动的情况下，国家通常才能满足这个义务，而被侵扰的第三人本身也可依据基本权利主张其权利”①。制止义务主要针对个别的正在进行的侵害，行政机关和司法机关都负有该义务，由于司法程序周期较长，无法满足侵害排除的即时性，所以在一般情况下，行政机关是制止义务的主要履行者。

第三，惩罚义务是指由于第三人侵害致使权利主体利益遭受损失，国家负有追究侵害者责任以补偿受害者、使受害者的基本权利恢复到正常享有水平的义务。公民与国家在这种义务关系中，包含了公民之间侵害与补偿的关系、公民与国家之间请求、救济以及惩罚的关系，惩罚义务要求国家通过一定程序，按照比例原则责成侵害者给予

① 许育典：《宪法》，台湾元照出版有限公司2006年版，第120页。

受害者相应的补偿。惩罚行为一般发生在侵害事实发生之后，行政机关和司法机关都负有惩罚侵害者、救济受害者的义务，其中司法机关是专门的纠纷解决机关，是惩罚兼救济义务的主要承担者。司法惩罚兼救济义务是国家最为古老和重要的义务之一，被认为是人权保障的最后一道防线。当各级行政机关未按照法律规定履行或未恰当履行自己的义务、侵害了公民的住房权时，受害者可以提起诉讼，符合诉讼条件的，司法机关应当予以受理并裁判。

三、国家给付义务

“界定给付义务，必须综合权衡社会法治国性质国家义务的三个标准：其一，利益指向，为了自我发展的增加利益，而不是保持现状的维护利益；其二，利益内容，是物质上或经济上的利益；其三，利益程度，满足基本生存需要而不是达到幸福。综上所述，基本权利给付义务是指，在公民和国家的关系中，国家以积极行为方式履行体现社会法治国性质的义务，公民就此享有维持人性尊严基本的物质或经济利益。”① 简言之，国家给付义务即公民通过自身努力不能达到基本权利的最低要求时，国家应采取适当的立法、行政、预算、司法或其他措施予以救助的义务。给付义务是为了满足公民最基本的生存需要对公民在物质上、经济上的资助，主要表现为社会福利和社会保障，其对应的也只是受益权的直接和积极方面，而并非全部。对社会权来说，提及尊重和保护义务，意味着已经存在可以享受的对象，如工作、住房、食物、教育等，然而，对于给付义务，亨利·舒认为就是

① 龚向和、刘耀辉：《基本权利给付义务内涵界定》，载《理论与改革》2010年第2期，第130页。

“为那些自己不能提供生存手段的人提供生存手段的义务”①。这说明给付义务针对的主要是权利的享有手段存在不足或者缺乏的情形。

另外，给付义务与尊重、保护义务最大的区别在于，保护义务主要源于对尊重义务的违反，而给付义务并不是由于国家违反了尊重和保护义务，而是因为贫困、疾病、年老、失业等客观原因使公民不能享受相关权利。在自由法治国家，国家主要承担的是尊重和保护义务，但由于人类社会矛盾的扩展和深化以及生态环境问题的日益突出，个人仅凭一己之力越来越难以应对生存问题，于是产生了对国家的生存照顾要求，因此，给付义务逐步成为社会法治国家中一项重要的国家义务类型。

为履行给付义务，国家应积极采取措施为公民能够享有住房、食物、工作、医疗等生存手段创造条件，当因无法控制的原因而导致公民不能获得基本生存手段时，国家还应积极主动地为公民提供这些生存手段。显然，给付义务的履行需要消耗大量的资源，这意味着允许国家逐步实现这种权利，从而使政府拥有较大的自由裁量权，同时，也意味着国家所采取的积极措施可以是多维性的，这就导致很难在一条权利规范中对其进行明确而详细的规定，所以，给付义务权利规范一般具有内容模糊性的特征。例如，“人人享有住房权”，此权利规范并没有准确地告诉司法机关，什么样的国家行为构成了对住房权的侵犯。虽然这类权利规范包含了国家应采取积极措施保障权利的实现这层意思，但是国家应该在何时、采取何种措施保障这项权利的实现并不是清晰而确切的；在资源有限的情况下，哪些公民应享有优先权也不清楚。因此，如果由司法机关直接决定政府的给付义务，那么司法机关的能力问题以及政治合法性问题立即就会成为人们怀疑的对象，

① Henry Shue, *Basic Rights: Subsistence, Affluence and U. S. Foreign Policy*, Second Edition, Princeton University Press, 1996, p. 53.

因此，给付义务的履行需要立法机关、行政机关和司法机关的通力合作、相互支持、相互配合，三者不可偏颇。

第三节　住房权保障的国家义务之内容体系

一、尊重义务层面国家保障住房权的义务

尊重义务层面国家保障住房权的最低核心义务，是指国家负有避免剥夺或不剥夺公民住房权的义务，主要是要求国家不作为、不非法干涉公民住房权、不对公民所享受的权利与自由进行不必要的干预与限制，这是国家应当履行的基本义务。在通常情形下，公民个人会竭尽所能，利用自身所具有的条件与资源开展生产经营以获取生存需要，国家首要的、基本的义务就是要尊重公民的择业自由、生产经营自由等。[①] 国家对获得住房权机会的剥夺或使个人更难有机会获得现有住房的行为，都构成对住房权的侵害，这意味着，国家应该让个人自主地享有住房权、享受不受干扰的住房机会。正如南非宪法所规定的："没有法院考虑所有相关情况后发出的命令，任何人都不得被驱逐出自己的家园，或被拆毁房屋。任何法律都不允许任意驱赶。"此即把公民住房权作为抵御政府干涉的一张"王牌"，其强加给国家的最低核心义务并不需要以资源的可获得性为前提。

同时，尊重义务层面国家保障住房权的最低核心义务"需要缔约国及其所有机构和代表不实施、资助或容忍任何做法、政策或法律措

① A. 艾德、C. 克洛斯、A. 罗萨斯：《经济、社会和文化的权利》，黄列译，中国社会科学出版社 2003 年版，第 162 页。

施，来侵犯个人完整性或侵犯其自由使用可获得的那些材料或其他资源，以便最适合其个人、家庭、家族或社区住房的需要。尤为重要的是，尊重住房权的义务需要缔约国制止实施、提倡或宽恕强迫或任意地把任何个人或集体驱逐出其房屋的行为。缔约国必须尊重人们的权利，按照最适合他们的文化、技术、需要和愿望的方式来建造他们自己的房屋和生活环境，尊重平等对待的权利、非歧视原则、家庭隐私权利以及其他权利组成了尊重住房权利义务的各个部分”①。尊重住房权的最低核心义务意味着国家的一系列行为都要受到限制，“为此，政府必须废除禁止公众参与的法令，必须创造经济的、社会的和政治的条件以满足公众对自己住房权的维护活动。”②

简言之，首先，要求国家禁止制定任何侵害住房权的法律或政策措施。其次，要求国家禁止执行任何非法的强制驱逐行为，防止非法驱逐和强迫迁出。驱逐行为不仅侵犯公民的财产权、住房安全权，更为严重的是置公民的生命安全于不顾，从根本上否定了人权。再次，要求国家在不破坏公共利益的前提下，尊重个人自己建造住房的权利，承认个人拥有布置自己的居住环境的权利，尊重家庭隐私权利，平等对待不同主体的住房权。最后，防止任何倒退措施、遵守不歧视原则、允许大众参与住房决策等其他相关义务也是尊重义务层面国家最低核心义务的组成部分。

二、保护义务层面国家保障住房权的义务

保护义务层面国家保障住房权的最低核心义务，是指国家必须采

---

① 参见S. 莱基：《适足住房的权利》，载A. 艾德、C. 克洛斯、A. 罗萨斯主编：《经济、社会、文化权利教程（修订第二版）》，四川出版集团、四川人民出版社2004年版，第130页。

② United Nation Housing Rights Programme, Report No. 1.

取积极措施预防、制止、惩罚第三人侵害住房权的义务。“保护义务的目的，不在于如同给付行为提供给付，而是在于实现生存的维持。因此，国家保护义务并不归类于社会国原则，而是归入危险的防御以及（自由）法治国原则”①。为保障住房权不受第三方侵害，国家履行保护义务的最低核心义务的基本方式主要有立法、行政、预算、司法等，这些措施通常被认为是国家基本义务的一部分。

1. 在预防义务层次，国家应制定有效措施保护人们免受强迫驱逐、种族或其他形式的歧视、骚扰、不提供服务或其他威胁。这些措施应包含三方面的内容：一是防止困难群体的住房受到侵犯；二是尽可能预防公民在遇到临时性困难时出售自己的住房，国家应确立一种缓冲办法以使处于贫困临界线的公民能够克服危机并且依靠自己的能力重新维持适当的生活水准；三是国家应保证市场上的住房具有可承受性，保证住房现成可得，调整住房价格和发放住房补贴等。换言之，对于承租人，国家应保障其免受出租人的权力滥用；对于从市场中购得住房者，国家有义务通过制定法律和政策维护其权益。目前，在卖方市场的情况下，房地产开发商可能利用自己的商品优势侵犯公民住房权，如限制抵押贷款的种类和数量、结盟抬高房价、减少住房配套数量、降低住房建筑材料的质量等级等，这些都需要国家出台相关法律或政策确保房地产市场信息公开透明、商品房价格合理。

2. 在制止义务层次，国家有义务在住房权受侵害的时候，阻止第三方对公民住房权的侵犯，纠正侵权行为并且对受害者采取补救措施。此义务要求国家采取积极措施防止房屋所有者、土地开发商等任何第三人侵犯公民住房权，一旦住房权受到侵犯，国家应该立即阻止进一步侵犯行为的发生，并保障受害人获得有效的法律救济。

3. 在惩罚义务层次，保护义务包括国家确保私营实体或个人不剥

① 许育典：《宪法》，台湾元照出版有限公司2006年版，第120页。

夺个人的经济、社会、文化权利的责任。对于因在管制此种非国家行为者的行为方面，未能给予应有的重视而造成的经济、社会、文化权利遭受侵犯的情况，国家须承担责任。也就是说，国家有义务为住房权受侵犯的公民或团体提供法律途径，包括进行监督、调查、起诉，并且为受害者采取补救措施。依据法律体系，这些领域主要包括，但并非仅限于此：（1）起诉，以求通过法院命令防止有计划的驱逐或拆房；（2）遭受非法驱逐后要求赔偿的法律程序；（3）对房东（公共或私人）就租金水平、住所维修、种族或其他形式的歧视方面所实施或所支持的非法行为提起诉讼；（4）在分配和提供住房方面存在的任何形式的歧视提出指控；（5）就不健康或不合适住房条件起诉房东。在一些法律体系内，在无家可归者大量增加的形式下也应开拓集团诉讼的可能性。①

住房权的保护义务意味着国家通过立法或政策规范社会秩序，强化侵害行为的法律风险，当侵害发生时及时有效地予以制止，严格制裁侵害行为，并对受损利益进行合理赔偿等，这些都需要相应国家机关采取积极作为的方式来实现。相较而言，保护义务比尊重义务更为复杂，依赖于一定的客观设备和物质资源，实践中，国家通过积极、适当的行为是完全可以实现保护义务的。

三、给付义务层面国家保障住房权的义务

给付义务层面国家保障住房权的最低核心义务，是指国家对那些自身能力不足以取得住房以达到“最低限度生存”的人主动提供住房保障的义务。给付义务包括具体给付义务与抽象给付义务两部分内容，具体给付义务就是与基本权利具有社会法治国性质的受益权功能

① 王宏哲：《住房权研究》，中国法制出版社2008年版，第244页。

对应的、对特定权利主体在具体事项中提供帮助的义务；抽象给付义务即与基本权利客观面相对应的制度性保障义务、组织与程序保障义务。给付义务在性质上属于最为积极的一类，包含复杂的资源问题，直接涉及国家资源的分配，更多地受到资源多寡的限制。之所以要求国家积极作为、而不满足于单纯的消极保障住房权（如刑法上对非法侵入住宅的惩罚），是因为在工业社会背景下，人口大量集中到城市，土地日益昂贵且集中到少数人手中，公民无法完全通过私法途径（买卖、租赁和继承）解决住房问题，必须由国家积极干预实施保障住房权。现代宪法赋予国家更多管理社会事务的义务和权力，从而使国家具有更多的建设保障性住房的义务，其目标是使人人均有栖身之所，保障在其管辖之下的公民都有机会在不能自给的情况下获得住房救助。

1. 要求国家为生活在社会贫困线以下的低收入者、无收入者、无家可归者、智力障碍者、身体残疾者、失去双亲的未成年者等社会弱势群体直接提供廉租房、公租房等保障性住房，此种具体给付义务主要适用于缺乏住房的公民，以使其生活不低于贫困线。国家为这些依靠自身条件无法获取住房的群体提供最低住房保障的同时，还有义务对贫困人口提供职业培训等，以使他们充分利用自身条件与资源提高谋生能力。另外，国家还有义务对这些身处困境的社会群组给予应有的优先考虑，予以特别照顾，制定的政策与法律在不损害其他社会群体的情况下，优惠处于弱势的社会群组。

2. 国家在政治和法律制度中应充分承认住房权，并制定有效的住房政策，制订实现住房权的详细计划。国家通过立法明确住房权地位的同时，还应制定详细的住房权战略，包括确定住房发展部门的工作目标、识别达到这些目标的可利用资源、选择利用资源过程中最节约成本的方法以及实施必要措施的时间进度表等，还应将此类信息告知公民，确保公民能及时获得相关住房信息。此外，还要求国家进行全面的立法审查，废止或修改现有的对住房权有负面影响的法律或政策，如针对妇女的土地和住房继承的歧视性法律和地方政策等。

3. 国家应增加公共住房支出并恰当确定支出对象，建造公共住房，提供住房补贴，并应提供必要的服务和基础设施，不断改善居住环境，增加公民获得住房权的机会，积极制定保障住房权的政策与法律，确立保障住房权的最低基准。另外，国家还有准确评估公民住房权得失的义务，不断加强对土地市场的管理、监督房租层级、通过行政管理的方式提供住房融资体系、制定住房财政预算、监督和控制住房成本等。当然，上述国家干预行为在原则上要限定在较小范围内，因为正如否定社会权的反对者所言，“政府过多的、直接的参与活动将会在个人人权与行政权力之间产生对立，使人权可能淹没在行政权力的自由裁量之中而丧失其本来的属性”①。

综上，尽管国家被认为是对住房权的潜在威胁，但它也是住房权的维护者。通过分析可以看出，尊重义务是基础，给付义务是核心，保护义务是保证，住房权的实现更多地要求国家履行一种积极义务，即保护和给付义务。这意味着国家有义务采取合理的立法和其他积极措施，并应设计出一种全面的住房计划保证住房权的充分实现。由于资源的有限性，国家不可能立即实现每个人的住房权，而应循序渐进地进行，至于怎样、什么时候以及通过什么手段住房权才能得以逐步实现，这是国家积极努力推出住房机会的义务。因此，最大限度地利用一切可获得的资源，包括国内的资源或通过国际合作与援助获得的国际资源，去实现国家对住房权的最低核心义务以保障那些最需要获得住房者的利益，显得尤为重要。

---

① 王宏哲：《住房权研究》，中国法制出版社 2008 年版，第 148 页。

第四章　住房权保障的国家义务之可诉性分析

第一节　不同层面国家义务可诉性细化分析

要真正实现公民住房权，就不能缺少司法救济。住房权作为一项可以要求国家积极作为或不作为的权利，国家负有尊重、保护和给付义务，虽受经济文化发展水平的制约，但资源的限制并不能否定住房权具有可诉性，住房权的实现应当获得不同层面的司法救济。住房权国家义务的可诉性包含如下几个层面：（1）住房权保障的国家尊重义务具有绝对可诉性；（2）住房权保障的国家保护义务具有部分可诉性；（3）住房权保障的国家给付义务可诉性须分层对待。

一、住房权保障的国家尊重义务具有绝对可诉性

传统的两分法将权利分为消极权利和积极权利，与之对应的则是国家的消极义务和积极义务，在这种思维模式中，由于权利与义务严格对应，权利的可诉性也表明了对应义务的可诉性。因此，以消极方式作为的尊重义务是“免费的”、可诉的。“实际上，所有的权利既有

‘积极’的相关义务，也有‘消极’的相关义务。”[①] 所有的积极权利都是从消极权利中推导出来的，消极权利的实现必须依赖于国家积极履行义务。进一步来说，所谓“自由权，实际是一种旨在保障应该委任于个人自治领域而使其不受国家权力侵害的权利，是要求国家权力在所有的国民自由领域中不作为的权利”[②]。而社会权是指“公民依法享有的，主要是要求国家对其物质和文化生活积极促成以及提供相应服务的权利”[③]。社会权要求的国家积极义务是在国家不侵犯的消极义务基础上的更高层次、更高要求的义务，其本身包含了消极义务；自由权要求的国家积极义务也是在消极义务基础上的更高要求。设立社会权的目标是实现由国家积极义务所保护、促成和提供的那部分利益（增加的利益，是为了自我发展），而对自由权来说是实现由国家消极义务所尊重的那部分利益（现有利益，使之不减少）。因此，社会权以国家积极义务作为主要手段达到期待利益的保护、促成和提供，以国家的消极义务作为次要手段达到现有利益的尊重；自由权以国家消极义务为主要手段、国家积极义务为次要手段达到现有利益的尊重。[④]

显然，尊重义务既作为主要方式存在于自由权，也作为次要方式存在于社会权，前者的可诉性毋庸置疑。至于后者，虽然学界对住房权等社会权的可诉性仍存有颇多争议，但是对于国家对住房权承担的尊重义务可诉性问题，学界已达成基本共识。例如，“在所有的经济和社会权利中，内在固有的消极禁止（‘尊重’的义务）显然是可在法院得到实施的”[⑤]。因此，住房权的国家尊重义务具有绝对可诉性。

---

① ［美］杰克·唐纳利：《普遍人权的理论与实践》，王浦劬等译，中国社会科学出版社 2001 年版，第 113 页。

② ［日］大须贺明：《生存权论》，林浩译，法律出版社 2001 年版，第 16 页。

③ 龚向和：《作为人权的社会权》，人民出版社 2007 年版，第 15 页。

④ 龚向和：《作为人权的社会权》，人民出版社 2007 年版，第 16 页。

⑤ S. 利本堡：《在国内法律制度中保护经济和社会权利》，载 A. 艾德、C. 克罗斯、A. 罗萨斯：《经济、社会和文化的权利》，黄列译，中国社会科学出版社 2003 年版，第 65 页。

对于住房权的尊重义务，国家需要发布一般性的禁止性法律对此作出界定，由于禁止性法律几乎概括性地禁止了所有干涉和侵犯行为，因此其权利规范相对而言是明确清晰的，对于司法机关来说，其适用就不会面临政治合法性与司法能力的挑战。当然，实现住房权的尊重义务同样需要经济资源，只是相对较少罢了，因为国家至少要消耗一定的资源用于教育、培训各级政府机关的工作人员，从而使他们履行国家应尽的尊重义务。另外，立法机关未遵循“比例原则”“必要性原则”“平等原则”等所形成的有关住房权立法，事实上也是对尊重义务的违背，司法机关对此进行审查，也应归入住房权的尊重义务可诉性层次之中。在实践中，司法机关正是通过适用平等和不歧视原则从尊重义务可诉性的角度实现了对住房权的司法救济。

二、住房权保障的国家保护义务具有部分可诉性

住房权的国家保护义务是指国家必须采取积极措施预防、制止、惩罚第三人侵害住房权的义务。“在立法者对权利规范所对应的义务内容规定不明确，并且履行保护义务还需要消耗一定资源的情况下，法院适用这种权利规范的难度以及谨慎程度就会立即增加。”① 因此，对于住房权的国家保护义务而言，尽管其规范内容有确定的一面，但某些含义的不确定性已经大大增加，其所要求的资源也是尊重义务阶段所不能相比的，同尊重义务的可诉性相比，住房权的国家保护义务可诉性显然要差一些。

① 黄金荣：《司法保障人权的限度——经济和社会权利可诉性问题研究》，社会科学文献出版社2009年版，第187页。

（一）预防层次义务不具可诉性

住房权预防层次的保护义务主要指的是国家的制度性保障义务、组织和程序保障义务，是与基本权利客观面向对应的且指向不确定权利主体的义务，一般不具有可诉性。“制度性保障义务、组织与程序保障义务对应的是基本权利的客观面向，是直接拘束立法、行政和司法的目标、原则以及纲领性的义务，更多地具有政治性和道德性。并且，履行该类型义务针对的是一般事项，不指向任何具体的权利主体，所以不具可诉性。”①

（二）制止和惩罚层次义务具有可诉性

在住房权的国家保护义务中，其中针对第三人侵害的制止和惩罚层次义务，虽然与基本权利客观面向对应、以积极方式作为，但因其针对的是特定的权利主体和具体的国家行为，表现出的仍是尊重义务所倡导的消极自由理念。因此，与自由法治国性质受益权功能相对应的保护义务中的禁止和惩罚义务具有完全可诉性。此处的可诉性主要是指司法机关监督有关国家权力恰当制止和惩罚第三人侵害的可能性。因保护义务涉及国家、受害人和侵害人三方的关系，其中，受害人就第三方的侵害而向司法机关提起的诉讼属于民事诉讼法调整范畴，而只有当相关国家机关不依法保护权利主体免受第三人的侵害时，针对相关公权力提出的诉讼才体现公民与国家之间的可诉的问题，才是住房权国家保护义务的可诉性问题。国家设立行政、司法等各种机关，直接目的就是制止和惩罚第三方对权利的侵犯和威胁，“人们联合成为国家和置身于政府之下的重大和主要目的，是保护他

---

① 刘耀辉：《国家义务的可诉性》，载《法学论坛》2010 年第 5 期。

们的财产"①，这是国家的第一责任与义务，然后才是针对国家潜在威胁的尊重义务。从性质上而言，这一部分义务适合司法审查，并且，相应机关对这一义务的履行，主要也是态度问题，现有机构设置已为这项义务的履行提供了必要条件。"保护义务的重要组成部分在已有法律中得到清楚的说明，此类立法在司法审查时具有可操作性，也使得经济和社会权利内在固有的不可审判的论点失去意义。"② 因此，住房权的国家保护义务的可诉性更加有力地证明了住房权一定程度的可诉性。

三、住房权保障的国家给付义务可诉性须分层对待

著名人权学者 A. 艾德曾经提出："人们也可以理解，为何有些在其最高和最普遍层级上所承诺的义务难以成为可审判的（由第三方司法裁决来解决）。只有当这些义务被分解为具体的组成部分时，可审判性才现实可行。"③ 住房权的国家给付义务包括具体给付义务与抽象给付义务两部分内容，具体给付义务系与基本权利具有与社会法治国性质的受益权功能对应的、对特定权利主体在具体事项中提供帮助的义务。具体给付义务的可诉性，"既取决于相关公权力行为的主观态度，也受社会物质水平的客观限制，给司法审查带来困难。但是，随着现代化负面效应的累积，个人努力的效果在社会中日渐式微，理论和司法实践中均承认了这种国家义务一定程度上的可诉性"④。实践

① ［英］洛克：《政府论（下篇）》，商务印书馆2004年版，第77页。

② ［挪］A. 艾德：《作为人权的经济、社会、文化权利》，载A. 艾德、C. 克罗斯、A. 罗萨斯：《经济、社会和文化的权利》，黄列译，中国社会科学出版社2003年版，第22页。

③ The National Ombudsman: *HIV - besmetting van hemofilie - patienten*. NICM - Bulletin, Vol. 20, No. 8 (1995), pp. 1005 - 1033 (noteA. H. Hendriks).

④ 刘耀辉：《国家义务的可诉性》，载《法学论坛》2010年第5期。

中，住房权的具体给付义务表现为国家最低限度的核心义务，具有可诉性，但其实现程度受制于现实资源条件。住房权的抽象给付义务是与基本权利客观面向对应的制度性保障义务、组织与程序保障义务，在实践中主要表现为国家“逐步实现的义务”，该部分义务一般不具有可诉性。

（一）住房权的具体给付义务具有可诉性

住房权的国家最低核心义务在给付义务层次包含提供最低限度住房保障的内容，也就是在这一范围内，国家负有的义务不受现有资源限制而必须实施，并且可由司法机关强制执行，因此具有可诉性。国家在承担最低核心义务时，至少要确保每项权利的实现达到一个最低的基本水平，即使在可利用资源确实不足的情况下，也必须确保人们最大限度地享受相关权利，并尽一切努力，使用可支配的所有资源来优先满足最低限度的核心义务。同时，资源短缺并不能解除国家在实现住房权方面的最低核心义务，这些核心义务在任何时候都应适用，而与有关国家资源的可获得性以及任何其他因素和困难无关。

现实中，很少有国家能充分有效地实现住房权，一方面由于国家可获得资源有限，而另一方面则由于很多国家误解了其所承担的与住房权相对应的国家最低核心义务。联合国前住房权特别报告员拉金德尔·萨查尔（R. Sachar）法官在其最后报告中明确指出，最低限度的住房权并不意味着：

“（a）国家需要为全部人口都建立住房；（b）国家为所有请求的人免费提供住房；（c）国家在承担这项义务后必须马上实现该权利的所有部分；（d）国家必须专门委托自己或未管理的市场确保每个人都享有该权利；或者（e）该权利在任何时候、任何地方都呈现完全同样的形式。

“相反，住房权应该以最一般的意义来理解和解释：（a）一旦先前接受了这样的义务，国家必须努力采取所有适当的措施来确保每个人都拥有健康、福利和安全，以及与其他人权相一致的住房设施及资源；（b）提出住房申请人应该是无家可归、无适足住房或一般不能获得与住房权相关的一系列权利的人；以及（c）直接承担法律义务的国家将采取一系列措施，这些措施表明政策和法律承认此权利的每一个组成部分。”①

那么，住房权国家最低核心义务的标准是什么？联合国经济、社会、文化权利委员会在对大量国家报告进行审查的基础上，确定了住房权的最低标准。其内容主要包括：（1）不管是租用、（公共和私人）居住、合伙居住、租借、所有人居住、紧急情况下居住还是非正式居住，都享有保有权的法律安全。（2）服务、物质、设备和基础设施的可使用性。一个良好住房应包括对健康、安全、舒适等方面至关重要的某些设施。（3）可支付性。和住房相关的个人及家庭开支应使其他基本需要的获得和满足不受威胁与损害。（4）可居住性。居民应有充足空间，以及抗寒冷、潮湿、炎热和雨水的设施，有能力防止对健康的其他威胁、结构性危险及疾病等。（5）可获得性。弱势群体应完全地、可持续地获得住房资源，并在住房领域享有某种程度的优先考虑的保证。（6）地点。充足住房须在一个可以获得或使用雇佣选择、医疗服务、学校、儿童保育中心及其他社会设施的地点。（7）文化。房屋建筑的方式，使用的建筑材料和支持政策须恰当地使住房的文化特性和多样性得到表达。②

当然，在适用上述标准时不能生搬硬套、一概而论，而应当切实

① S. 莱基：《适足住房的权利》，载 A. 艾德、C. 克洛斯、A. 罗萨斯：《经济、社会、文化权利教程》（修订第二版），四川出版集团、四川人民出版社 2004 年版，第 125 页。

② Symonides. *Human Rights: Concept and Standards*, Dartmouth, 2002, p. 132.

考虑各个国家的具体实际情况，不同情况不同对待。另外，对于国家是否履行了最起码的核心义务的任何评估，都必须考虑该国国内资源的局限，如果将未履行义务归因于缺乏资源，国家就必须表明已经尽了一切努力、利用了可得的一切资源作为优先事项、履行了最起码的核心义务。

（二）住房权的抽象给付义务——“逐步实现义务”不具可诉性

住房权的抽象给付义务是与基本权利客观面向对应的制度性保障义务、组织与程序保障义务，在实践中主要表现为国家逐步实现的义务，该部分义务一般不具有可诉性。住房权的实现程度受本国经济发展水平以及资源等诸多因素的制约，因而立法机关或行政机关只负有在其可利用资源范围内采取立法和其他措施的义务，在此种情况下，除非立法机关和行政机关没有采取任何立法和其他措施，否则司法机关对该“逐步实现义务”无权以任何理由加以干涉。

第二节　由“格鲁特布姆案”透视住房权的可诉性

宪法中规定的作为社会经济权利的住房权可以由法院进行司法保护吗？这是一个在世界各国引起激烈争议的问题。[①] 令人欣慰的是，当国际社会还在为住房权等社会经济权利的可诉性问题争论不休时，1996 年通过新宪法的南非，用司法实践向人们展示出如何保护倍受争议的社会经济权利。“被视为证明社会经济权利具有可诉性的一个里

① See Henry J. Steiner & Philip Alston, *International Himan Rights in Context*: *Law*, *Politics*, *Morals*. New York: Oxford University Press, 1996, p. 298.

程碑式判例"① ——格鲁特布姆案第一次表明，宪法法院在既尊重民主又顾及有限预算的基础上是可以对住房权等社会经济权利提供司法保护的。

一、格鲁特布姆案基本案情及南非宪法法院判决

（一）格鲁特布姆案基本案情

格鲁特布姆案是南非共和国政府等诉格鲁特布姆案（Government of the Republic of South Africa and Other v. Grootboom）的简称，基本案情为：一个由 390 个成年人和 510 个儿童组成的原住在沃拉斯的穷人群体，因不堪忍受居住地恶劣的条件，而集中搬迁到一块由私人拥有的空闲区域，其中有一位成年人名叫艾琳·格鲁特布姆（Irene Grootboom）。搬迁后不久，由于政府的强行驱逐，他们又不得不搬到同一区域的一个运动场。但是，应私人土地所有者的要求，政府又命令他们离开居住地，且在命令的最后期限届满前一天，用推土机强行铲平了他们的临时住所，所有家当被损坏殆尽，使得他们陷入居无住所的悲惨境地。于是，以格鲁特布姆为首，他们集体请求开普敦地区的高级法院发布紧急命令，要求政府立即向他们提供临时性住所，直到他们能够获得永久性住房为止。南非开普敦地区的高级法院根据南非《宪法》第 28 条第 1 款第 3 项有关儿童社会经济权利的规定，判决政府应该给予那些有孩子的家庭临时住房。南非三级政府（中央、省级和地方政府）因对判决表示不服而向南非宪法法院提出上诉。此时，

① See Jeanne M. Woods, *Justiciable Social Rights as a Critique of the Liberal Paradigm*, 38 Texas International Law Journal (2003), p. 786.

南非人权委员会和社会法律中心两个机构作为该案的“法庭之友”①参与诉讼，并要求将格鲁特布姆等人的请求扩大到南非《宪法》第26条（即获得住房权）。他们认为，社会所有的成员，包括没有孩子的成年人都有权获得住房，因为《宪法》第26条的规定使国家担负了最低限度的核心义务（minimum core obligation）②。

（二）南非宪法法院判决的主要观点

在2000年格鲁特布姆案判决中，南非宪法法院提出以下主要观点：

1. 政府违反了消极保护义务。宪法法院认为，政府有义务确保驱逐行为以一种符合人道主义的方式进行，但是，政府实际的驱逐行动比原先通知的时间提前一天，而且被告所拥有的物品和建筑材料等都在驱逐过程中被毁掉，这种行为显然违反了南非《宪法》第26条有关获得充分住房权所体现的消极义务。

2. 第一次确立了合理性审查标准。宪法法院认为，判断国家是否履行了第26条第2款所施加的积极义务的关键问题是，国家采取的立法和其他措施是否合理。符合合理性审查标准的情形包括：采取的政策是全面而协调的；政策即使只能逐渐实现，至少也能够促进权利的实现；政策比较平衡、灵活并且没有把社会的重要部分排除在外；政策能回应那些处于绝望情形的人们的紧急需要。③

3. 政府的住房政策存在不合理之处。宪法法院认为，政府采取的

---

① “法庭之友”即在南非宪法法院审查案件的过程中，法院允许任何相关或感兴趣的团体或个人申请向法院提交一份法律意见书，并赋予该团体或个人享有口头辩论或者作书面笔录等权利。

② See Government of the Republic of South Africa and Others v. Grootboom and Others, 2001 (1) SALR46 (cc).

③ 黄金荣：《司法保障经济和社会权利的可能性与限度——南非宪法法院格鲁特布姆案评析》，载《环球法律评论》2006年第1期。

住房政策只关注了中期和长期的住房需要，却没有“在其可利用的资源范围内为开普敦那些没有土地、没有住房并且生活在不能忍受或者处于危机状况中的人们提供合理的帮助”①，因而其是不合理的。故法院命令政府采取行动，履行第 26 条第 2 款所施加的义务，主要包括设计、资助、实施并且监督临时性救济措施，从而保障那些处于极度困境的人们的合法权益。

4. 联合国经济、社会、文化权利委员会提出的“最低限度的核心义务”概念不适用于住房权。宪法法院指出，尽管“最低限度的核心义务”具有重大意义，但它有很多问题，为了确定任何特定情况下的最低核心义务，就必然要求法院获得大量的有关信息，而对于住房存在地区和城乡差异的南非，让法院来确定获得充分住房权的最低核心义务内容是非常困难的。因此，宪法法院否认《宪法》第 26 条第 1 款包含国家应根据请求为权利人直接提供基本住处的最低核心义务，而认为，第 26 条第 1 款应该和第 2 款结合起来进行理解，即国家只负有在其可利用的资源范围内逐渐实现的义务。

二、绝对权利与相对权利的博弈

南非宪法关于住房权的第 26 条规定：1. 每个人都有权获得足够的住房。2. 国家必须在其可利用资源的范围内采取合理的立法和其他措施，以逐步推进这项权利的实现。3. 在法院没有综合所有相关的情况作出判令之前，任何人都不得毁坏他人的住宅，任何法律都不得允许任意将人们从其住宅中驱逐。

第 28 条第 1 款第 3 项规定：每个儿童都有权获得家庭或父母的

---

① See Government of the Republic of South Africa and Others v. Grootboom and Others, 2001 (1) SALR 46 (cc), p. 99.

照顾，或在脱离家庭环境时有权得到其他恰当的照顾……并且有权享有基本的营养、住处、医疗保健服务和社会服务。

对于第 26 条与第 28 条的关系，涉及绝对权利与相对权利的问题。从宪法条文上看，第 28 条赋予儿童享有各种福利的绝对权利，即保证儿童在资源缺乏的情况下都能享受到“基本的营养、住处、医疗保健服务和社会服务”，那么，政府有绝对的义务来保证儿童有吃有住。而根据第 26 条的解释，其对每个人所创设的权利都是有限制的，是“逐步实现的权利”，即相对权利。开普敦地区的下级法院就是按照这种思路理解的，他们也认为第 28 条为儿童创设了独立的、绝对的权利，儿童的权利不受“可利用的资源”或“逐步实现”条款的限制。

然而，审理格鲁特布姆案时，南非宪法法院拒绝对第 28 条作出上述解释，与之相反，他们把第 28 条看成是对第 26 条基本要求的补充。南非宪法第 26 条第 3 款不仅强调了政府的义务，而且对私有财产者也设置了义务。据此推断，个人如果没有得到法院的许可，把他人从其住房中驱除出去或毁坏其房屋，就违反了宪法。也许制定此条的初衷是为了保证穷人继续有房可住，但却给合法所有人留下种种担忧：一方面，如果不能把擅自在自己的私有土地上搭建房屋的人赶走，那么建造住房的积极性势必会削弱，私有住房的数量就会减少，国家本就住房紧张的情形只能是雪上加霜；另一方面，房东可能对租赁房屋的人进行严格的筛选审查，因为房屋所有者完全清楚，一旦房屋租赁关系成立，就很难终止这种关系，不得不承受某种来自宪法的义务。这也是宪法法院限制对第 28 条进行扩张解释的原因。

宪法法院认为第 26 条强调的并不是所有人都享有住房的权利，而是强调所有人都有权得到“逐步实现这项权利”的立法或其他措施的保护，同时，宪法要求国家、其他组织和个人“停止妨碍或侵犯拥有足够住房的权利”。进一步来说，宪法法院根据个人的经济地位来区别政府的积极义务，认为要贯彻住房权，政府将面临两种责任：对那些买得起住房的人，国家的责任是放宽政策，提供住房供应及立法框架，通过制定法律和提供资金促进个人建造住房；对于穷人，国家的义务就是为“那些无法通过其他途径维持本人及其抚养者提供足够的社会援助方案”，在这方面，宪法权利指的是某种制度的建立，而不是指完全的个人保护。

对于儿童权利的保护，宪法法院强调为他们提供住处的义务首先应该由其父母或家庭来承担，然后才由国家承担。换言之，宪法并没有首先为国家设立任何义务，要求国家在儿童有父母或家庭照顾的情况下为其父母提供住处。有学者认为，“如果这样解释这一条款，就未免过于狭隘，这明显是出于实用的考虑”，“如果儿童被认为拥有获得住房的绝对权利，那么该法律文件对社会经济权利的限制就很难取消；‘如果处处要为儿童的权利让道，那么精心构建的逐渐实现社会经济权利的宪法蓝图也就没有多大价值’。我想这才是宪法法院对要求把第 26 条看作是创造绝对权利持怀疑态度的关键所在。如果这样去理解第 26 条，那它将超出即便是合理的先后顺序的设定，从而使国家无法决定在资源非常有限的情况下哪些需求更加紧急”①。

因此，在绝对权利与相对权利的博弈中，宪法法院基于实用的目的选择了相对权利，而这种背离宪法文本的解释表明：南非宪法法院在处理住房权等社会经济权利案件时的法理和方法不得不被认为是一种“胆怯”②。

---

① ［美］凯斯·R. 孙斯坦：《设计民主：论宪法的作用》，金朝武、刘会春译，法律出版社 2006 年版，第 268 ~ 270 页。

② 参见郑贤君：《南非宪法法院社会权救济的法理》，载《燕京法学》，中国民主法制出版社 2006 年版。

三、可以理解的、聪明的胆怯——案件背景分析

“皮之不存，毛将焉附。”南非宪法法院在审理住房权案件时，面临着诸多困境与尴尬，既有国际的也有国内的，既有历史遗留的也有现实难以立即解决的，由此表现出一定的妥协与退让，难免令人同情与理解。从某种意义上来说，这也未必不是一种聪明的做法，展现了南非宪法法院非凡的平衡技巧。

（一）长期种族隔离传统遗留的问题和住房短缺

20 世纪 60 年代至 80 年代，南非政府实行种族隔离制度，该制度是官方的种族隔离政策，包括在政治、法律和经济诸方面对非白色人种实行歧视，当时的法律成为压迫工具和执行政府政策的“警察”，陷入极度不光彩的境地。90 年代初，南非完成国家转型，但其司法系统仍基本上由男性白人组成，为保护新宪法的实施，“一个希望不受历史污染的新法院——宪法法院在临时宪法下成立，其实其本身就是一个妥协产物”①。20 世纪末，南非的失业率仍高达 33%（近 500 万人），犯罪率也高居世界前列，平均每 12 分钟就有一起谋杀或企图谋杀，每 26 秒钟就有一起强奸，而且生活在贫困线以下的人口仍高达 53%。② 格鲁特布姆案就是在此社会背景下发生的。

在住房方面，原来的种族隔离体制限制非洲人入住城区，政府试图赶走所有的非洲人，并把优先权留给有色人群。然而，非洲人继续流入这一地区寻找工作。由于没有正式的住房，他们就住进了“不正规的住宅区”，住宅区内搭起的都是一间间小屋，遍布整个半岛，没

---

① 胡建淼：《世界宪法法院制度研究》，浙江大学出版社 2007 年版，第 382 页。
② 韩大元：《外国宪法》（第 2 版），中国人民大学出版社 2005 年版，第 424 页。

有水，没有下水道，也没有垃圾清除服务，只有5%的房子有电，到20世纪中期南非住房仍短缺十多万套。此种境况下诞生的宪法法院，难免受到长达半世纪的种族隔离传统所造成的根深蒂固的隔阂和偏见的影响，难免受到经济社会地位不平等及资源贫乏的限制，在作出判决之时要考虑诸多情况也是在所难免的。

（二）宪法法院自身生存的合法性安危及其所掌握信息的有限性

在南非这样一个刚刚完成转型的国家，如果法院发布一个有篡夺政府政策制定权之嫌的命令，难免会落下反对者的口实。在宪法法院成立之时反对者就认为，“司法介入将会导致政策分歧，并且包含住房权在内的社会经济权利与权力分立原则相悖而行，因为司法将会侵犯立法和行政的正当领域”①。何况，如果宪法法院确实打算这么做的话，那将势必使自己处于一种无奈的管理者的境地，毕竟，法院又怎能去监督政府预算方面的偏好？如果政府对那些需要住房的人们帮助甚微，可能是因为把更多的精力放在了提供就业或教育等方面。此时，宪法法院聪明地适用迂回的“合理性审查标准”，既不会直接介入政府的预算安排，也不会对政府最初在宏观层面的分配决定作出指令，但是法院会审查政府措施的合理性，一旦法院作出政府措施不合理的判决，政府将不得不重新安排预算。从表面上看，法院自己重新安排预算和法院作出判决导致政府必须重新安排预算，两者之间的差别可能不是那么明显，但是后者允许法院在不对政府发出直接指令的情况下，在一定程度上介入政府的预算分配。这样，既可以通过间接的方式达到保护住房权的目的，又可以避免法院和政府的直接冲突。

① See Lyun Berat, *Constitutional Court Profile*, *International Journal of Constitutional Law*, Oxford Journals Press 2005, pp. 64 – 72.

因此，在南非这样一个贫困人口依然占多数的社会，在一个新的和脆弱的政体下，过于明显地保护弱势群体，对法院而言是不明智的，它将使法院不断地与政府对抗，从而形成一种不和谐的气氛。同时，宪法法院“采取极端的、拒绝在社会经济领域为自己创造一个严肃角色的立场也是不合时宜的，这将引出宪法中社会经济权利条款及宪法法院自身的合法性问题”①。

另外，宪法法院是否应该对政府的项目进行全方位的监督以便保证国家把预算用在恰当的地方？法院应该避免这么做，一方面，是由于权力分立体制的限制；另一方面，法院在这么做之前几乎不可能获取足够必要的信息从而作出准确的判断，这也是当年仅由“11 名法官所组成的宪法法院”② 精力与能力所无法达到的。

四、格鲁特布姆案对住房权司法保护的启示

没有救济的权利只是徒有其名，不能获得救济的社会经济权亦是如此。作为典型的社会权之一的住房权，国际社会日益承认其具有可诉性，已有 50 多个国家的宪法明确规定了住房权，几乎在所有的缔约国，国内法院都频频审视住房权问题。③ 其中，在住房权的宪法审查方面最为激进的当属南非宪法法院的做法，通过格鲁特布姆案，它正好做到了美国联邦最高法院曾经说过的“法院做不到也不应当做的事——推行社会经济权利”④。当然，学界对法院的做法亦褒贬不一：

---

① 郑贤君：《基本权利研究》，中国民主法制出版社 2007 年版，第 505 页。

② 参见胡建淼：《世界宪法法院制度研究》，浙江大学出版社 2007 年版，第 386 页。

③ 参见 A. 艾德等：《经济、社会和文化的权利》，黄列译，中国社会科学出版社 2003 年版，第 173 页。

④ See Mark S. Kende, *The South African Constitutional Court's Construction of Socioeconomic Rights: a Response to Critics*, 19 Conn. J. Int'lL. 617 (2004), p. 617.

"批判意见认为，这种做法超过了司法审查权行使的界限，可能会带来干涉立法和行政的危险；赞赏意见认为，南非宪法法院通过司法审查模式对公民社会经济权利给予救济，在很大程度上超越了作为司法审查制度起源国的美国，美国联邦最高法院不能受理的案件在南非宪法法院得到了处理，实现了违宪审查制度本身和公民社会经济权利保护规则的创新。"① 更有学者具体地列举了其积极意义，如西开普大学教授 Liebenberg 指出，"格鲁特布姆案力求在法院履行社会经济权利义务的宪法责任和立法与行政在民主社会制定和执行法律和政策的作用之间保持适当的平衡，从而发展出一种负责任、透明和互动的司法、立法和行政关系"②。

（一）可学习与借鉴的经验

1. 南非宪法法院确立了合理性审查标准

这一标准的含义是：法院承认有关政策选择和资源分配的权力属于立法和行政部门，法院的职责仅在于审查立法和行政机关所采取方法的合理性上，即如果立法和行政机关的方法具有合理性，法院就认为它不违宪；如果它们的方法有明显不合理的地方，法院就会认为它们违宪。为了判断保障社会经济权逐步实现的立法或政策是否合理，法院提出了如下标准："第一，立法或政策在可获得的资源限度内必须是充分的，以便于权利的逐步实现；第二，立法或政策必须是全面的、协调的、平衡的和灵活的，必须把责任分配给政府内不同层级的机构，必须考虑处于危急状态的人群的急迫需要，不能排除任何社会组成部分，尤其是处于不利地位的人群；第三，政府必须为立法或政

---

① 郑书前：《公民社会经济权利宪法救济之中国路径——以南非宪法法院判例为切入点》，载《行政与法》2008 年第 10 期。

② 转引自龚向和：《作为人权的社会权》，人民出版社 2007 年版，第 177 页。

策的实施提供必要的资源；第四，立法或政策不仅应合理地被设计，也应合理地被实施，没有得到合理实施的合理计划不能被视为政府已经履行了它的积极义务”①。本案中，法院认定政府的住房计划没有达到“合理性标准”，主要是因为住房几乎没有满足处于困境人群的急迫需要。

在现代社会中，向弱者提供帮助的程度和数量可以被视为衡量社会文明的标尺。对于南非宪法第26条这种典型的社会经济权利条款，宪法法院虽然否定个人具有直接根据这些条款获得住房、食物和医疗等生存资料的请求权，但承认宪法赋予公民享有要求国家在其可利用的资源的范围内设计合理的立法与政策的请求权。这意味着，立法者如果没有制定合理的立法与政策，公民就可以根据宪法中有关社会权的条款请求立法者履行法定职责，以保障公民社会权的实现，保障公民最基本的生存需要。也许宪法法院的这种解释不能给予直接的救济，但却给予他们相对间接却同样重要的保护。“合理政策请求权”表明，社会经济权利只是一种“政策性权利”的观念并不完全正确，因为个人对立法和政策具有了可以即刻行使的请求权，在社会经济权利方面享有的可控性得到了加强，使得此类社会经济权利的“权利性”得到显著增强，并且使它们向具有完全主观性的理想权利大大迈进了一步。如果没有这种政策请求权，那么这类“逐渐实现”的权利就只能寄希望于立法和行政机关的主观意愿，同时，法院适用“合理性审查标准”，缓和了反对者对法院能力和合法性的质疑，可以避免与政府的直接冲突，使法院有可能在不违背权力分立原则的情况下，实现对社会经济权利的一定程度的保护。

---

① 张雪莲：《南非宪法法院的“合理性审查标准”介评》，载《河北法学》2008年第11期。

2. 宪法法院课予立法者即刻实现的积极义务

一个国家的资源是有限的，立法者需要在掌握大量信息的基础上，通过立法确定社会中不同层次需求的权利主体实现权利的先后顺序，根据不同的情况决定分配资源的时机和方式，对有限资源进行合理的分配。因此，对可利用的有限资源进行分配在很大程度上是立法者的裁量范围，而立法裁量在很多国家是免于司法审查的，公民不能基于分配政策的不合理而寻求司法救济。在格鲁特布姆案中，宪法法院对《宪法》第26条第2款中的“逐步推进权利的实现”作出同联合国经济、社会、文化权利委员会相同的解释，认为它课予了立法者即刻实现的积极义务。宪法法院的观点表明，国家对社会经济权利所负的“逐渐实现的义务”也具有即刻义务的内容。这就是说，虽然目标可以“逐渐实现”，但是实现这个目标所需的行动却必须立即采取。如果立法者不履行即刻实现的立法义务，则公民可以基于“合理政策的请求权”请求立法者制定法律或采取其他合理措施；否则，公民就可以提起宪法诉讼，请求宣告立法者不作为违宪。因此，格鲁特布姆案判决的意义在于：“它第一次解释了国家在实现社会经济权利方面所负的积极义务的范围，它使公民经济、社会、文化权利的实现在很大程度上不再取决于立法者的主观意愿，而是通过司法审查的途径课予了立法者强制性义务，同时也使公民的权利获得了实质性的保障。”①

（二）判决对住房权保护所显现出的非凡平衡技巧

在格鲁特布姆案中，宪法法院拒绝接受联合国经济、社会、文化权利委员会提出的“最低限度的核心义务”概念。宪法法院认为，

① 杨福忠：《从南非格鲁特布姆案看积极权利对立法者的义务》，载《山东社会科学》2008年第1期。

《宪法》第26条第1款“任何人都有权获得足够的住房”并不包含国家应根据请求为权利人直接提供基本住处的最低限度核心义务。不过，法院认为《宪法》第26条第1款应结合第2款来理解。第2款规定：“国家必须在其可利用资源的范围内采取合理的立法和其他措施以逐渐实现住房权。”根据法院的观点，该条款虽然没有赋予个人直接请求获得住房的权利，但是却赋予公民要求国家在其可利用资源的范围内设计合理政策的请求权，公民可以根据该条款请求国家合理立法或者采取其他合理的政策措施，以保障公民住房权的实现。

宪法法院之所以拒绝接受“最低限度的核心义务”，主要是因为，像充分住房权这种权利的最低核心义务是随着社会需要的变化而不断变化的，法院不可能完全掌握确定这些最低核心义务所需的信息。其实，这种担心并非没有道理：最低水平的住房权意味着应该享有什么条件的房子？哪些特殊人群和个人可以直接根据宪法条款行使请求权？对法院而言，这些问题都是不容易界定的。并且，在《宪法》没有直接确认社会经济权利最低核心义务的情况下，如果宪法法院对这些问题做出决定，将意味着直接对产生财政预算的问题做出了决定，其政治合法性可能异常突出。在南非宪法明确规定“国家必须在其可利用资源的范围内采取合理的立法和其他措施，以逐步推进这项权利的实现”的情况下，如果法院界定了权利的最低限度的核心义务，那么“可利用的资源”就不再构成社会经济权利的内在限制。因此，这将使得法院的行为具有太强的立法意味，这也是南非宪法法院始终不愿界定社会经济权利最低限度的核心义务的重要原因，从而展现出既间接保护住房权等社会经济权利，又竭力与立法权、行政权相平衡的非凡司法技巧。

据联合国定期发表的数字估计，“全世界10亿多人没有适当住房，另有1亿人根本没有居室，更糟糕的是，在许多国家，每年有数百万人被强迫驱逐出自己的住宅和土地，使全球住房权危机雪上加霜”①。直到2000年的格鲁特布姆案，南非宪法法院才第一次在世界历史上，启用了一项或许能成功对住房权等社会经济权利提供司法保护的崭新方法。② 尽管其提出的“合理性审查标准”由于过于笼统而受到很多批评，但这种扩张性解释对于那些生活在极度贫困状态中的人们还是有帮助的，因为这毕竟给予了他们在社会经济权利方面进行司法救济的途径。对长期处于严重种族隔离与激烈种族冲突的南非而言，为公民社会经济权利作如此高调的保障，不能不说是一种巨大的进步和宪法理念的飞跃。鲁迅先生曾经说过：“什么是路？就是从没路的地方践踏出来的，从只有荆棘的地方开辟出来的。以前早就有路了，以后也该永远有路。”③ 弱者坚强，勇气与汗水也能折射出前进的方向。

---

① S. 莱基：《适当住房人权》，载A. 艾德等：《经济、社会和文化的权利》，黄列译，中国社会科学出版社2003年版，第171页。

② 参见［美］凯斯·R. 孙斯坦：《设计民主：论宪法的作用》，金朝武、刘会春译，法律出版社2006年版，第257页。

③ 鲁迅：《生命的路》，载《鲁迅全集》（第二卷），人民文学出版社1973年版，第87页。

第五章　住房权保障之国家义务可诉性的限度

第一节　国际、区际层面救济住房权的潜力和程度：以实例分析

一、国际层面：对住房权的救济以间接救济为主

（一）人权事务委员会对住房权的救济

在联合国人权体制下，对包括住房权在内的经济、社会、文化权利主要通过广泛运用国家报告制度对权利进行救济，没有建立专门的实施监督机构，没有关于一国指控另一国的任择性程序条款，也没有关于个人对国家进行指控的任择性议定书，可以说是“先天不足”①，显得十分薄弱。目前国际层面对住房权等社会权的保护主要是通过保护自由权的社会经济层面实现的，主要包括平等权、公正审判权、生命权和禁止酷刑，他们包含了社会权的侧面，缔约国不但负有不侵犯

① 柳华文：《论国家在〈经济、社会、文化权利国际公约〉下义务的不对称性》，北京大学出版社 2005 年版，第 5 页。

的义务，还负有采取积极措施予以保护和给付的义务。通过设在《公民权利和政治权利国际公约》中的申诉程序来保护社会权，是人权事务委员会对社会权可诉性发展的一大贡献，委员会采用的方法被称为“综合一体办法”，即通过公约明确规定的保护自由权的任务来考虑保护社会权的可能性。[①]《公民权利和政治权利国际公约》第 26 条规定了获得法律平等保护的权利，要求立法机关在所有的法律里面摒除任何形式的歧视，而不管这些法律所涉及的是公约中的权利、其他人权还是其他主体的权利。这就将平等与非歧视适用于对社会权的保护。同时，《公民权利和政治权利国际公约》第 14 条对民事和刑事审判中最低限度的程序保障作出了详细规定，[②] 人权事务委员会在审查个人来文时，将公正审判权这项程序性权利与住房权相结合，实现了对住房权的间接司法保护。

Vojnovic v. Croatia 案[③]是人权事务委员会通过“公正审判权”间接保护住房权的成功案例。申诉人是克罗地亚公民，他和家人从 1986 年到 1992 年一直居住在萨格勒布市政府所有的公寓中。按照克罗地亚法律，他们拥有公寓使用权，这种使用权很大程度上相当于所有权，政府只有在某些特殊情况下才能终止这种被特殊保护的使用权。根据当地的《住房关系法》第 99 条，如果承租人没有正当理由离开公寓超过 6 个月，政府可以终止其使用权，当然这不包括承租人因医疗、参军或其他正当理由离开公寓的情况。1992 年，申诉人和家人因收到匿名的死亡威胁而被迫离开。1995 年 11 月，萨格勒布市法院以申诉人及其家人无正当理由长时间离开公寓为由，剥夺了他们的住房

① M. 谢宁：《作为法律权利的经济和社会权利》，载 A. 艾德等主编：《经济、社会和文化的权利》，黄列译，中国社会科学出版社 2003 年版，第 34 页。

② ［奥］曼弗雷德·诺瓦克：《民权公约评注》，毕小青、孙世彦译，生活·读书·新知三联书店 2003 年版，第 233 页。

③ Communication No. 1510/2006, CCPR/C/95/D/1510/2006, 28 April 2009.

权。寻求国内救济失败后，申诉人向人权事务委员会提交来文，声称他们受到威胁而离开公寓，由于害怕报复，他们没有向克罗地亚当局寻求任何保护。因为在 1991 年到 1997 年间，他们没有有效的证明文件，所以他们无法回到萨格勒布市采取措施保护住房权。而且，当局明明知道他们在贝尔格莱德的临时住址，却没有通知他们参加萨格勒布市法院的第一次诉讼。

根据双方提交的资料，委员会作出裁决。对于申诉人关于侵犯公正审判权的主张，委员会认为应确保诉讼双方的平等，包括确保任何一方可就对方的观点和证据提出抗辩，这也是缔约国的基本义务。而在本案中，萨格勒布市法院拒绝被传唤的证人参加听证，以证明申诉人离开公寓的正当性，而且以与案件争议无关为由，拒绝接收其他塞尔维亚族人基于同样理由离开公寓的信息。委员会认为，法院不允许申诉人提供的证人出庭作证的决定不妥，违反了《公民权利和政治权利国际公约》第 14 条第 1 款关于公正审判和平等权的规定。考虑双方意见后，委员会认为申诉人和其家人是由于胁迫和歧视才离开缔约国，尽管申诉人由于缺少有效证明文件无法回到克罗地亚，但他通知了缔约国他离开的原因。另外，申诉人是在法院无正当理由的情况下未被通知参加诉讼的。因此，委员会得出结论：对申诉人住房权的剥夺违反了《公民权利和政治权利国际公约》第 17 条和第 2 条第 1 款的规定，缔约国有义务为申诉人提供有效的住房权救济，包括充分的补偿。

（二）其他国际人权监督机构对住房权的救济及实例分析

除人权事务委员会外，其他国际人权监督机构，如消除种族歧视委员会、消除对妇女一切形式歧视委员会和禁止酷刑委员会也在相关公约授权范围内为住房权提供保护。例如，《消除一切形式种族歧视公约》为保护住房权等社会权，设立了针对种族歧视行为的司法救济程序，即个人或个人联名的申诉程序，作为接受申诉的机构，消除种族歧视委员会有权接受并审查被缔约国侵犯公约所载权利的受害者个人或个人联名提出的来文。其许多裁决明确提出对社会权进行保护，其中 Ms. L. R. et al. v. Slovakia 案[①]就是涉及住房权的典型案例。另外，住房权领域内最具影响的非政府国际人权组织“住房权与驱离中心”（The Centre on Housing Rights and Evictions，COHRE）在全球超过 20 个国家维护过住房权，所取得的效果明显，使其成为全球住房权领域最权威的组织之一。

1. 消除种族歧视委员会通过“禁止倒退措施”保护住房权

Ms. L. R. et al. v. Slovakia 案的申诉人是 Ms. L. R. 和另外 26 名罗姆族斯洛伐克公民，他们居住在多布西纳市。2002 年 3 月，斯洛伐克多布西纳市议会通过决议（第一项决议）批准了一项建造低价社会保障住房的计划，为生活困难的罗姆居民提供住房。但是，在右翼反罗姆组织的压力下，市议会在同年 8 月另外通过了一项决议（第二项决议），取消了这项计划。申诉人向委员会提出申诉，主张缔约国没有保护他们的充足住房权，违反了《消除一切形式种族歧视公约》第 5 条第（辰）（3）项的规定，因为申诉人在缔约国的住房水平和生活条件将会随着市议会第一项决议的实施而改变，但是市议会却取消了这项决议，而且缔约国没有为申诉人提供任何反对种族歧视的有效救济。

委员会认为，市议会第一项决议通过的住房计划是保证住房权实现的重要步骤，但是第二项决议废除了这一计划并用一项较弱的措施代替，构成了基于平等基础上对住房权的侵犯，而这项平等住房权受到《消除一切形式种族歧视公约》第 5 条第（辰）（3）项和《经济、

① Communication No. 31/2003, CERD/C/66/D/31/2003.

社会、文化权利国际公约》第 11 条的保护。委员会最后裁决，缔约国的行为构成种族歧视，既违反了“缔约国承诺不对人、人群或机关实施种族歧视行为或习例，并确保所有全国性及地方性的公共当局及公共机关均遵守此项义务行事”的义务，又违反了通过立法平等保护每个人享有住房权的义务。根据《消除一切形式种族歧视公约》第 6 条，缔约国有义务为申诉人提供有效救济，因此，委员会要求斯洛伐克采取步骤确保申诉人恢复到第一项决议保障的状态，并保证同样的侵害不再发生，从而间接保护了住房权。

2. COHRE 通过每年发布全球“违反住房权最严重国家”奖项敦促缔约国保护住房权

住房权领域内最具影响的非政府国际人权组织 COHRE 的工作方式主要有：通过与当地的住房权人权组织或个人建立联系，参与到具体的维护住房权活动中去；从事反对强制驱逐活动，发表公开声明支持正受到强制驱逐危险的人群；会见政府官员敦促其遵守公约规定的国家住房权义务；派遣小组直接奔赴破坏住房权的国家和地区收集第一手资料；为住房权受害者提供法律咨询和帮助；与联合国相关组织展开合作；进行人权培训；开展住房权研究项目等。

2005 年 11 月 29 日，COHRE 发布了一年一度的全球“违反住房权最严重国家”奖项，把中国列入 2005 年度违反住房权最严重的三个国家之一。该组织敦促中国信守签署过的国际人权条约，不要为了经济发展践踏公民住房权。该中心执行主任莱奇在接受采访时说，他们每年都要挑选三个国家，授予他们违反住房权最严重国家的头衔，中国是第一次入选，其原因是，该组织每天都收到以北京和上海为首的来自中国农村和城市有关强行拆迁问题的报告。莱奇说：“我们看到并收到成千上万失去住房的人给我们的报告，如果他们反抗强行拆迁就会遭受进一步的骚扰、逮捕、监禁或其他种种问题。从中国传出的有关报道出现急剧上升趋势，这令我们感到震惊。仅仅为修建2008年奥运会的建筑，北京就有40多万人‘被拆迁’，其中很多人被强行拆迁或得不到足够的补偿。”

二、区际层面：住房权救济程度相去甚远

在区域性人权体系中，1996年修订的《欧洲社会宪章》第31条是住房权的一个重要法律渊源，而在《非洲人权和民族权宪章》和1988年的《关于在经济、社会、文化权利领域的美洲人权公约附加议定书》（即《萨尔瓦多议定书》）中，并没有明确规定住房权，只是在非洲统一组织以及美洲国家组织所规定的现有权利中暗含着住房权，如《美洲国家组织宪章》（1948）第31条第K款提到了住房，《美洲人的权利和义务宣言》（1948）暗含了住房，称："在公共和社会资源允许的范围内，每个人都有权通过与食品、衣物、住房和医疗保健相关的卫生和社会措施来保护他的身体健康。"① 非洲和美洲区域并没有明确规定住房权，而亚洲区域尚未形成统一的人权组织，因此下文将以欧洲区域为例，探讨在区域层面对住房权救济的潜力和程度。

1996年修订的《欧洲社会宪章》第31条是住房权的重要法律渊源，第31条规定："为保证有效实施住房权，缔约国应采取以下措施，旨在：（1）促进享有充足标准的住房；（2）阻止并减少无家可归者，并逐步消除；（3）让房价使没有充足资源的人也能接受。"《规定集体申诉制度的欧洲社会宪章附加议定书》生效后，欧洲社会权利委员会开始接受有关组织的集体申诉。集体申诉机制具有较多优点，它不以存在特定权利侵权事件为前提，也不要求提出申诉者与具

① A. 艾德、C. 克洛斯、A. 罗萨斯主编：《经济、社会、文化权利教程》（修订第二版），四川出版社、四川人民出版社2004年版，第127页。

体权利侵犯行为有直接利害关系，因而在一定程度上可以超脱性地、预防性地对缔约国不遵守《欧洲社会宪章》的行为提出挑战，并且申诉者所具有的专业性也使得在更大范围内实现住房权等社会权的可诉性成为可能。[①] 集体申诉案件涉及住房权等诸多条款，很多案件都涉及给付义务层次的保障，欧洲社会权利委员会为我们了解区域层面住房权的救济提供了良好机会。

2005 年 12 月 7 日，欧洲社会权利委员会对《欧洲社会宪章》引入集体申诉机制后的首个住房权案例作出了裁决。其基本案情为：在意大利居住着很多选择流浪生活方式的罗姆人（Roma），他们的生存状况非常恶劣。欧洲罗姆人权利中心代表居住在意大利的罗姆人，于 2004 年 6 月 28 日向欧洲社会权利委员会提出申诉，声称意大利政府为罗姆人提供的集中宿营地未达到最低生活标准；同时，意大利政府存在以驱逐相威胁以及毁坏罗姆人财产、侵入罗姆人非法占用的居住地的行为；实施强行驱逐后，意大利政府未采取任何可以为罗姆人提供替代性住房的政策，并且所制定的有关申请社会福利房的严格政策使罗姆人根本不可能有资格申请，因此，意大利政府的行为违反了修订后的《欧洲社会宪章》（以下简称《宪章》）第 31 条。意大利政府则声称，其已采取适当立法和行政措施保障罗姆人的权利，目前罗姆人住房不足主要是由罗姆人的自身原因造成的，并且申诉者并没有为自己的主张提供证据。[②] 委员会就上述指控提出了自己的意见：政府提供了临时性的住处并不能表明住房就适足了，意大利政府未能表明它已采取适当的步骤确保罗姆人能够获得数量上足够、质量上有保证

---

① David Harris and John Darcy, *The European Social Charter*, Second Edition, Transnational Publisners, Inc. 2001, p. 371.

② European Roma Rights Center v. Italy, ECSR Complaint No. 27/2004. 转引自黄金荣：《司法保障人权的限度——经济和社会权利可诉性问题研究》，社会科学文献出版社 2009 年版，第 262 ~ 264 页。

的可满足其特别需要的住房，也未能表明它已确保或已采取措施确保各地方政府履行了这方面的责任。因此，委员会一致认定意大利政府的行为构成了对《宪章》第 31 条第 1 款和第 3 款的违反。关于强行驱逐行为，委员会认定，意大利政府不能证明有关的驱逐行为已满足某些条件，也没有提供可以反驳罗姆人在这些驱逐中遭受了不合理的暴力的可信证据。同时，委员会认为，在罗姆人获得社会福利房的机会方面，意大利政府本应坚持平等对待原则，但它所提供的信息都不能表明这种获得社会福利房的权利在实践中是有效的，或者证明目前规定的获得社会福利房的标准是不具有歧视性的，禁止歧视原则也包含间接歧视。最后，委员会一致认定，意大利政府未能考虑罗姆人的特殊处境，未采取专门旨在改善他们住房条件的措施，违反了《宪章》第 31 条第 1 款和第 3 款的规定。

第二节　国家层面住房权救济的法律模式

住房权与公民生活密切相关，是人类生存和发展必不可少的重要物质基础条件，是公民生存发展的重要社会权。住房权虽已得到越来越多的国家的承认和认可，但由于各国法学理论和法律实践不尽相同，不同国家对住房权的救济存在较大差异。归纳起来，住房权的救济模式主要有以下五种。

一、通过宪法规定住房权予以直接或间接救济

20 世纪以前，世界各国宪法几乎都没有提到食物、住房以及医疗保障问题。但到了晚些时候，这些权利通常以最明显的方式加以保

护。住房是人类生存和发展必不可少的重要物质基础条件，住房权与公民生活密切相关，是公民生存发展的重要社会权。如今，随着人口的日益增多，土地资源不断紧张，房价居高不下，严重影响和制约了公民的生存与发展，住房权在社会权中的地位日益凸显，其已成为公民重要的必不可少的权利，是公民享有其他权利的基础和条件，而住房权的实现最终需要国内法的承认和昭示，并落实于具体的法律制度和政策机制上。因此，确立住房权的宪法地位是公民基本权利发展的必然趋势。

目前越来越多的国家把住房权纳入宪法保障体系，并制定相关具体立法，大约有 40% 的国家在宪法中提到了住房或住房权，其中一些宪法明确地提及住房权，另一些则更多地表明政府在保障人们的住房和生活条件方面所承担的一般义务。① 当然，住房权在宪法中的确认并不必然导致这一权利能直接得以实现，但是，宪法对住房权的规定以及由此而产生的国家为满足住房权所必须履行的一系列义务，为实现住房权的进一步行动提供了重要的法律基础。更有许多国家以专门立法的形式承认住房权的核心内容，包括免于强迫驱逐、禁止住房领域的各种歧视、稳定的使用权、住房权被侵害时可得到司法救济等。宪法对住房权的确认，不仅为公民获得相应的住房保障提供了根本法律依据，更重要的是，国家对住房权所承担的义务由道义义务上升为法律义务，各国宪法在确认住房权时，也规定了政府的保障义务。

据不完全统计，世界上最早在宪法中对公民住房问题作出规定的是 1814 年《荷兰王国宪法》，该宪法第 21 条规定："国家关心居住条件，保护和改善环境。"第 22 条规定了国家的基本义务："（1）政府应

① Coher, *Legal Resources for Housing Rights—International and National Standards*, June 2000, p. 45.

采取措施增进国民健康；（2）政府关心提供充分的生活设施；（3）政府应促进社会、文化和娱乐活动的发展。”此后，诸多国家根据本国的历史文化传统以及经济发展水平，对住房权进行了各种规定，主要表现为下列四种模式：

1. 宪法将公民的住房保障作为国家的基本政策和纲领

采取这种模式的国家主要有：1976 年《古巴共和国宪法》，其在第一章“国家的政治、社会和经济制度”中第 8 条规定，社会主义国家“力求使每个家庭都有舒适的住宅”；1998 年《朝鲜宪法》第二章“经济制度”中第 25 条规定，政府应该为每个劳动者提供充足的食物、衣物和住房；1998 年《阿尔巴尼亚共和国宪法》在第五章“社会目标”中第 59 条对住房问题作出规定：“国家应在其宪法权力范围内，运用各种手段，以满足私人的利益以实现自己的责任……满足国民的住房需求。”

宪法的这种规定模式虽然没有明确将住房权确认为公民的基本权利，但是既然将公民的住房保障作为国家的基本政策和国家的义务，那么公民的住房权至少已有一定的宪法依据。

2. 宪法在公民基本权利部分中明确规定住房权

将住房权规定为公民基本权利是宪法保障住房权的主要方式，但由于各国国情及立法习惯不同，在具体规定上又有所区别。

第一种是将住房权规定在基本权利之中，但并不明确称之为住房权，而是规定保障公民的住房是国家的义务和责任，应当采取必要的政策措施。例如，1975 年《希腊共和国宪法》在第二编“个人权利和社会权利”的第 21 条第 4 款中规定：“使无处栖身或住房不足者获得住宅，是国家特别关心的问题。”

第二种是将住房权规定在宪法文本的基本权利章节中，并明确称之为住房权，同时非常详细、具体地规定国家保障公民住房权的义务。例如，1978 年《西班牙宪法》在第一章“基本权利和义务”的第三节“社会和经济政策的指导原则”第 47 条中规定，所有西班牙人有享受应得的和适当的住房的权利，公共权力根据总体利益协调土地的使用，避免投机，创造必要条件并制定有关规定以使该权利付诸实现。社会分享公共部门在城建工作中的剩余价值。

1982 年《葡萄牙共和国宪法》第 65 条规定：1. 任何人都有权要求为其本人及家庭提供面积充足、卫生与舒适，使个人私生活和家庭生活受到保护的住房。2. 国家在保障住房权方面的职责为：（1）制定并实施住房政策作为国土总体改造规则的组成部分，并辅之以能够保证提供充分的交通与公用设施网络的都市化规划；（2）鼓励并支持地方社区和民间团体解决各自住房问题的积极性，鼓励自建住房和建立住房合作社；（3）鼓励服从公共利益的私建住房。3. 国家应该采取适当政策以制定同家庭收入与个人住房相适应的税制。4. 国家与地方政府应对不动产实行有效管制，对城市土地实行必要的国有化或市有化，并规定各自的使用权。

1993 年通过的《俄罗斯联邦宪法》第 40 条规定，每个人都拥有住房的权利，任何人不能被任意剥夺住房。国家鼓励住房建设，为实现拥有住房的权利创造条件。对贫穷的以及法律规定的其他需要住房的公民，按照法律规定的标准从国家的、地方的和其他的住房中以免费或适当收费的方式提供住房。

1996 年通过的《南非共和国宪法》第二章中明确规定“保障每一个公民的基本人权”，其中第 26 条明确承认人们拥有适当住房的权利，其第 1 款规定，每个人都有权获得足够的住房；第 2 款规定，国家必须在其可利用资源的范围内采取合理的立法和其他措施，以逐步推进这项权利的实现；第 3 款规定，在法院没有综合所有相关的情况作出判令之前，任何人都不得毁坏他人的住房，任何法律都不得允许任意将人们从其住房中驱逐。

1968 年通过，1974 年补充、修改的《德意志民主共和国宪法》第 37 条规定：（1）每个德意志民主共和国公民按照国民经济的可能和当地的条件，有权得到本人及其家属的住房。国家有义务通过下列各项实现此种权利：促进住房建设；维护现有住房的使用价值；对合理分配住房进行公共监督。（2）解除租约时受法律保护。（3）每个公民有权保护自己住房不受侵犯。

1980 年《越南社会主义共和国宪法》第 62 条规定，公民有获得住房的权利。国家扩大住房建设，同时鼓励和帮助集体和公民按照总的规划建造住房，以逐步实现这一权利。分配国家管理的住房面积要公平合理。除此之外，1999 年《芬兰宪法》、2004 年《瑞士宪法》等诸多国家的宪法也采取了此种规定方式。

第三种是宪法并不将住房权作为一项独立权利，而是作为环境权的一个方面进行规定。以韩国宪法为代表，1987 年《大韩民国宪法》在第二章“公民的权利和义务”第 35 条将环境权规定为“全体国民均享有在健康、舒适环境中生活的权利。国家和国民应努力保护环境，环境权的内容和行使由法律规定，国家应通过住房开发等政策，努力使全体国民享有舒适的居住条件”。

3. 在总纲及权利章节中分别明确国家义务和住房权

1979 年《伊朗伊斯兰共和国宪法》是此种模式的典型，该宪法总纲第 3 条规定，伊朗伊斯兰共和国政府有义务建立公正、合理的经济，以创造幸福、消除贫困、消灭在食品、住房、就业、卫生和普及保险等方面的被剥夺状况。同时，在第三章“公民的权利”中，第 31 条规定，每个公民和家庭有权按照需要居住合适的住房，政府有责任和义务优先为更需要住房的人，特别是农民和工人创造条件执行这一原则。

4. 通过宪法法院保障住房权之实例分析

另外，还有一些国家不仅宪法明确规定了公民住房权，同时亦建立了违宪审查制度，对国家权力侵害住房权的行为，甚至在私人领域侵害住房权的行为，宪法法院或其他法院都直接援用宪法条款进行裁决，这其实是将住房权视为主观权利而直接适用司法程序，比如哥伦比亚、希腊、西班牙、葡萄牙、瑞典、南非、芬兰以及俄罗斯等。然而，公民住房权的司法救济不仅取决于宪法上是否规定住房权，国家是否建立了司法审查机制，还取决于司法机关和其他国家机关实施这些权利的意愿，因此，上述国家并不都存在有关住房权的司法救济判例。而南非宪法法院对格鲁特布姆案的审理和判决则是开辟了公民住房权直接司法救济的先例，详述见第四章第二节。

二、通过普通法律规定住房权予以直接救济

对公民住房权的保障，有些国家的宪法并没有规定，也没有通过判例赋予住房权以间接司法救济，但是它们通过国内议会立法，赋予公民“可抗辩住房权”。所谓“可抗辩住房权”，即当住房权受到侵害时，符合规定的无房者可通过法律手段向政府提出住房要求，实现有房居住的权利。2003 年苏格兰制定了一项有关无家可归者的前卫法律《无家可归者法》（Homeless Act），该法确定 6 年之内保障人人享有住房权，成为第一个赋予公民可抗辩住房权的欧洲国家。该项法案规定，自 2012 年年底起，所有无家可归者都享有住房权，政府有为这些权利提供资金来源的法律义务，地方行政单位必须执行该法律，凡找不到住房者皆可上诉至司法机关。

2007 年 1 月 17 日法国政府部长会议也通过了“可抗辩住房权”法案，承诺增加住房建设投入，在法国基本实现人人有房住，国家保

障合法居民的住房权，居民可通过法律手段维护自己的权利。同时，该法案规定，政府应满足低收入者、无家可归者等人士对由政府补贴的社会住房的需要。自2008年12月1日起，在住房申请没有收到满意答复的情况下，5类住房困难户（无房户、将被逐出现住房且无法重新安顿者、仅拥有临时住房者、居住在恶劣或危险环境中的人、与未成年子女同住且住房面积不达标的人）可向主管部门要求解决住房问题，如问题得不到解决，可向行政法院提起诉讼。[①] 自2012年1月1日起，"可抗辩住房权"将向更大范围的人群开放。据统计，法国有近100万人没有住房，200多万人居住条件差，规定住房权为可抗辩的，就意味着无房者可通过法律手段维护自己的权利。另据法新社报道，目前在法国只有受教育权和健康权是可抗辩的。这种通过议会表决制订"可抗辩住房权"法案的方式，实际上意味着保障公民住房权成为国家的一项法定义务，无房者可通过法律手段维护自己的住房权，从而使住房权不再停留在"自然权利"层面，而具有很强的现实性和可操作性，使得住房权的实现最终能得到司法保障。"可抗辩住房权"法案无疑是人类社会的一大进步，实现"可抗辩住房权"是一项"具有宪法意义的目标"。

在美国，虽然美国宪法对住房权等社会权持消极的否认态度，但是，美国政府对住房权的保护主要通过立法和福利政策来实现，其制定了大量法律和政策来保障公民住房权。自20世纪30年代起，美国制定了《国家住房法》《公共住房法案》《住房与城市发展法》《住房与社会发展法案》《公民可承受住房法案》《多元家庭资助性住房改革及承受能力法案》《公平住房法》等一系列的法律来明确国家的义务及相应的住房政策，1949年通过的《合众国住房法》规定要为低收

① 林晓轩：《法国通过住房权新法案 百姓无房可告官》，载《中国改革报》2007年1月19日，第6版。

人家庭修建公共住房，制订长远计划，其提出的住房目标为：“让每一个美国人拥有合适的住房和居住环境”，并通过政府补贴、贷款担保、税收减免、公屋廉租等方式保障公民的住房权。

其实，大多数国家和地区都通过制定高位阶的法律明确确认和保障住房权。例如，荷兰早在1901年就颁布了《住房法》，其明确规定政府应为公共住房建设提供补贴和制定建筑规范，政府在住房市场中扮演决定性角色，2003年又通过了“无家可归者法案”，以法律形式确认了“住房权”。在英国，1919年颁布了《阿迪逊法》（又称《住房和城镇规划法》），该法明确规定解决住房问题属于公共事务，政府应对公共住房建设提供支持。新加坡政府在1960年颁布了《住房与发展法》，根据该法成立了住房发展局（HDB），1964年推行“居者有其屋”计划，1968年又修改了《中央公积金法》，将公积金应用范围扩展到住房领域。类似地，日本政府先后制定实施了《公营住宅法》《日本住宅公团法》等40余部法律，其中《公营住宅法》第1条即宣称“本法律的目的：国家及地方公共团体同心协力，整治准备足以营造健康文化的住宅并以低廉的房租将该住宅租给或转租给住宅困难的低收入者，以此增进国民生活的稳定和社会福利”。另外，《加拿大国家住房法》和我国台湾地区“国民住宅条例”等有关保障公民住房权的文件都明确把住房目标规定为：尽可能通过政府的支持，使每个家庭成员及家庭有相应的住房和适宜的居住环境。

随着住房权立法与司法判例逐渐增加，有效保障住房权的方法和手段日益变得多样而明晰。通过上述分析可以看出，国家履行保障住房权的义务需要配置一系列机制，不仅包含制定综合性的政策和立法，而且还包括有效的司法审查或行政救济机制。撇开各国司法机制的不同，住房权作为一项社会权，其保障还必须限制在国家“可获得的资源范围”之内才可得以逐步实现，高昂的成本是影响住房权保障实效性的重要因素，如果一个国家或地区缺少可支配的资源，即使持有住房权的有效司法裁判文书，也很难得到执行。总之，实现真正意义上的住房权保障尚有一段路程要走。

三、州法院根据州宪法对住房权予以直接救济

目前仍有一些国家并没有承认住房权等社会权，如美国联邦宪法并没有明文规定公民住房权，至今也没有签署《经济、社会、文化权利国际公约》。尽管20世纪60年代以来，美国联邦最高法院通过正当法律程序或平等保护原则对一些社会权进行了司法救济，但缺乏保障公民住房权的判例，联邦最高法院甚至认为国家没有提供一定质量住房的宪法性义务。

但是，在经济大萧条和随后“新政”的影响下，一些州的宪法明确规定了住房权，提供了超越联邦权利的保护。如纽约州宪法的第17章第1节规定：“对穷人的资助、关怀和支持是公共问题，应获得州政府和分支机构的解决，立法机构可以随时确定其方式和手段。”此外，蒙大拿州宪法第2章第3节规定：“人人生来自由并具有某些不可剥夺的权利，他们包括最低生活基本必需……的权利”，“如果居民因为年龄、体弱或不幸而需要社会资助，那么立法机构应提供必要的经济自主以及社会服务，以助其复原”。州宪法的这些规定表达了对穷人包括住房在内的生活资助的正面责任，州法院对待住房权的态度也更为积极，从而使公民住房权得到了一定程度上的司法救济。

1979年的Callahan v. Carey案被认为是美国地方最成功的救济无家可归者权利的案件。一群居住在纽约东南地带的人们提出集体诉讼，要求政府根据《纽约州宪法》《国家社会服务法》《纽约行政法典》的规定，为他们提供住所。纽约州最高法院最后发布临时命令，

要求纽约市为所有申请栖息场所的人提供足够的床位，并确定了为申请人提供栖息所的最低标准。

另外，美国新泽西州法院在著名的 1983 年 Laurel Case（Mt. LaurelII）案中指出，“没有任何疑问的是，住房、食品是人的最基本需要……毫无疑问，为了促进一般福利，必须规定为所有人提供合适住房”。马萨诸塞州法院在 Mass. Coalition for the Homeless v. Sec'y of Human Service 案中，判决要求当儿童家庭补助（AFDC）资金不足以给未成年子女父母提供住房津贴时，应告知立法机关。在 L. T. v. N. J. Dep't of Human Service 案中，判决马萨诸塞州行政机关有义务给无家可归者住所。通过上述案例可以看出，美国事实上仍然是一个福利国家，通过各州立宪以及州法院独特的司法解释，为公民住房权提供了超越联邦权利的保护。

四、通过适用或解释生命权对住房权予以间接救济

在很多国家，宪法虽然承认住房权等社会权，但却不赋予这些权利以直接司法救济，只是给国家课以政治和道德义务。因此，在这些国家，仅根据宪法条款在司法机关提起关于住房权的诉讼是很困难的，司法机关通常不愿受理涉及这些权利的诉讼，一些个人或群体提起的住房权诉讼往往以失败而告终。但是，值得关注的是，一些国家的司法机关通过扩大司法解释的方法，将住房权等社会权纳入基本权利之中，使住房权具有一定可诉性。

以印度为例，印度宪法涉及住房权的第 37 条规定位于第 4 章“国家政策之指导原则”。与宪法第 3 章“基本权利”不同，第 4 章所含的社会权条款“不通过任何法院实施”，不具有可诉性，给国家课加的是道德和政治义务；但是，印度法院在实践中重新界定了住房权

条款在宪法中的地位，并通过适用或扩大解释生命权，而赋予住房权以司法实现的效力，间接实现了对住房权的司法救济。1987 年的 Tellis 案[①]即“街头栖息案”（the so - called pavement dwellers case）就是例证之一。1981 年，马哈拉施特拉邦（Maharashtra）和孟买（Bombay）市政公司作出决定：孟买市内所有街头栖息者必须强制迁出并回到各自原居住地或孟买市外的任何地方。根据这一决定，一些人的住所被孟买市政公司拆除，一些人向高等法院提出对该决定的诉讼。最开始请愿者在高等法院做出了让步，表示不再对在路边安家居住主张任何基本权利，并承诺限期腾出居住的小屋。市政公司因而同意在期限内不推毁他们的小屋。但请愿者后来又向最高法院对拆除他们住房的决定提出诉讼，其理由如下：（1）从栖息地逐出居住者构成了对生命权的剥夺，该权利包含在宪法第 21 条之中，即任何人非经法律规定程序不得剥夺其生命。（2）政府的行为侵犯了宪法第 19 条第 1 款和第 3 款关于迁徙自由、住房与定居自由及其合理限制的规定。（3）《孟买市政公司法》关于公路违章建筑拆除的程序是武断的和不合理的，不仅没有拆除前送达通知的规定，而且还授权市政专员可以不经通知而拆除。（4）将公路两旁的居住者界定为土地入侵者本质上是不可接受的，因为他们的占有源于经济上的强制。（5）法院必须裁决生存权的内容、福利国家财产的功能、财产必须服务于公共利益的宪法义务的范围和真正含义、第 19 条第 1 款第 7 项规定的从事任何专业、职业、商业的权利。然而，市政公司答辩认为：（1）必须停止请愿者以生存权为由向最高法院主张他们的住房不能拆除，因为他们已经在高等法院做出了让步，不再主张基本权利，并且承诺不阻碍房屋的拆除。（2）任何人都无权在公众行走的人行道、街道等地修建建筑物。（3）从公共地带驱逐街头栖息者没有直接或间接剥夺其生存权，

① Olga Tellis v. Bombay Municipality Corporation，（1987）LRC（Const）351.

市政公司负有依法拆除公共地带的障碍物的义务，请愿者不仅违反了《孟买市政公司法》，而且还违反了《孟买警察法》。双方争执不休。

印度最高法院首先确认申请者的请求成立，然后进行论证并做出裁决。该裁决认为：首先，宪法中不存在禁止反言原则。设立宪法基本权利的目的不只是保护个人，还包括保护公众更大的利益，任何人都无权拿基本权利进行交易。其次，宪法规定的生命权包括生存权。生命权的范围是宽泛的，生存权是其重要的方面，因为如果没有谋生手段任何人都不能生存。假如生存权不是生命权的一部分，剥夺生命权最简便的方式就是剥夺其谋生的手段。而这种剥夺不仅否定了生存的有效内容和意义，还会使人的生活无法维持。对生命权内容和含义的这种理解，得到了宪法第 39 条第 1 款和第 41 条规定的指导原则即适当谋生手段和工作权的支持。最后，任何人要想生活就不能缺少住房，市政当局拆除房屋的行为构成对住房权的剥夺；失去了住房也就失去了在住房周边地区工作的机会，对请愿者的驱逐必将导致他们生存权被剥夺并最终被剥夺生命权。但法院同时也认为，假如依法采取公正和公平的程序，可以对生存权予以剥夺，也就是说，如果剥夺行为是合理的，被剥夺者就必须享有听证的机会。因此，法院根据本案事实作出裁决，政府必须确保对具有 1976 年身份证和居住满 20 年的街头栖息者提供可选择的住房；并命令将拆除延迟到雨季结束，以减少拆除困难。

在此案中，法院认为人的生命权与生存权之间存在着一种密不可分的关系，强制搬迁将剥夺人们基本生活所必需的手段，而人生活的能力是生命的基本要求，因此，强制搬迁侵犯了宪法第 21 条规定的生命权。此后，在 1990 年的“Shanti Star Builders 案”、1997 年的“Khan 案”中，最高法院均认为住房权是保障生命权必不可少的基本权利，让公民拥有一处合理住房是至关重要的，是宪法第 21 条规定的“生命权”的应有之义，国家的义务是制订计划、分配土地和资源、尽快安置已经长时间居住在该城市的贫民。通过上述案件可知，印度法院采纳了一种新的有效方法，通过对生命权进行扩大的司法解释，将住房权纳入可救济的公民基本权利范畴之内，不再将其视为一项“不通过法院实施”的国家政策原则，从而证明通过适当的方式完全可以对住房权实现间接司法救济。

五、尚未认可社会权的国家对住房权的保障

对于尊重义务层面的住房权，各国都能使用立法、行政与司法手段进行保障，可谓是保障最到位的层面，但有些国家，因住房权至今还未上升到宪法权利的层面，所以更多地通过适用平等原则或不歧视原则来保障住房权。以美国为例，联邦最高法院的判决中，几乎从未出现援引宪法条款来认可公民住房权的情况。在林赛诉诺麦特一案中，联邦最高法院认为政府没有提供一定质量住房的宪法性义务。[①] 在拉维恩诉米尔恩一案中，联邦最高法院认为社会福利不是基本权利，也不是州或联邦政府的宪法义务。[②] 在德宣妮诉温尼贝戈一案中，联邦最高法院认为正当程序条款通常不包含要求政府援助的积极权利，即使这些援助对于社会保障确属必要。[③]

但是，为了缓和社会矛盾，美国司法机关也正视了穷人的住房问题。基于住房权并未上升为宪法权利的现实，美国联邦最高法院采取“曲线救国”的迂回路线，运用平等保护原则来实现保护公民住房权之目的。1969 年，哈佛大学教授米奇尔曼发表了一篇引起广泛反响的

---

① Lindsay v. Normet, 405 U. S. 56, 74 (1972).

② Lavine v. Milne, 424 U. S. 577, 585 n. 9 (1975).

③ De Shaney v. Winnebago, 489 U. S. 196 (1989).

力作，主张“通过第十四修正案保护穷人”，宪法应提供一定层次的“最低限度的保护”以消除贫穷的影响。[①] 其后，美国联邦最高法院出现了许多案例，似乎都表明国家正在沿着米奇尔曼的设想向着某种程度的福利国家迈进。于是，以平等保护条款为核心，美国联邦最高法院最初对住房权所适用的相对宽松、内容不确定的合理审查标准开始逐渐提高并不断类型化。在此类型化保障机制下，由于住房权涉及的宪法案件各不相同，对其适用的审查基准也进行了区别对待，存在着较大差异。如果住房权案件涉及种族问题、其他基本权利，如洲际迁徙权等，对其就适用严格审查基准；如果住房权案件涉及性别、非婚生子女的歧视问题，对其则适用中度审查基准；如果住房权案件并未涉及种族、基本权利、性别、非婚子女的歧视问题，则对其适用合理审查基准。

虽然美国联邦最高法院利用正当程序和平等保护条款在保障住房权方面取得了一定成功，但是住房权在美国并没有成为一项稳固的权利。1970 年以后，美国联邦最高法院对社会福利权的解释趋于保守，主要体现在 70 年代初期两个著名的案件中，一个是 Dandridge 案[②]，另一个是 Lindsey 案。[③]

Lindsey 案是一起有关住房权的案件，该案的焦点是俄勒冈州关于驱逐未付租金的房客的司法程序是否违反了宪法第 14 修正案的平等保护条款或正当程序条款。原告 Lindsey 是按月支付房租的房客，他租住了被告 Normet 位于波特兰的单身公寓，每月的租金是 100 美元。1969 年 11 月，市建筑物公署宣布这处住房因不符合规定而不适合居住。原告要求被告进行维修，遭到被告拒绝，原告因此拒绝支付

① Frank Mihlman, *The Suprem Court*, 1968 *Term-Foreword*: *on P protecting the poor Through the FourthAmendment*, 83 Harv L. Rev. 7 (1969).

② Dandridge v. Williams, 397 U. S. 471 (1970).

③ Lindsey v. Normet, 405 U. S. 56 (1972).

12 月的房租，除非房屋被修好。被告向俄勒冈法院申请驱逐命令，在法定的司法驱逐程序开始前，原告向联邦地方法院提起诉讼，要求宣布俄勒冈州的《非法入侵和非法居留法案》违宪并停止继续实施。地方法院驳回了原告的请求，判决该法案既没有违反平等保护条款，也没有违反正当程序条款。案件被提交给联邦最高法院，原告主张“对有尊严的住房需求”和“保持和平占有住房的权利”是宪法保护的基本利益，它们对穷人尤其重要，只有在政府证明存在更优利益时才能予以剥夺。[①] 但是，联邦最高法院拒绝了原告的主张：“我们并不否认尊严的、安全的、卫生的住房的重要性。但是宪法并没有为每一项社会和经济问题提供司法救济，在宪法文本中无法找到任何关于特定品质住房的宪法保证，也没有发现任何对房客在租期届满后不支付任何租金而占有房主不动产的权利的承认。由于没有宪法规定，充足住房的保证和房主与房客关系的界定都应当属于立法机关的职责，而不是司法机关的权限。”[②]

在这个案件中，最高法院明确否认了住房权的宪法地位，构成了美国社会权保护的转折点。学者路易斯·亨金分析认为，有关社会权的宪法观念是从欧洲引进的，此类权利不是美国宪法上的权利，但法院并非完全排斥将住房权列入宪法保护范围，宪法上的保护主要通过法院对正当法律程序的司法适用来间接实现。[③] 因此，在美国，无论是 20 世纪 60 年代对社会权的有力保护，还是 70 年代以后对社会权的否认，都说明在没有宪法明确规定的情况下，美国住房权的保障更多地受到司法机关的意愿以及法院对正当程序和平等保护等宪法条款的解释的影响。

---

① Lindsey v. Normet, 405 U. S. 56 (1972), at 73.

② Lindsey v. Normet, 405 U. S. 56 (1972), at 74.

③ ［美］路易斯·亨金、阿尔伯特·J. 罗森塔尔：《宪政与权利》，郑戈等译，生活·读书·新知三联书店 1996 年版，第 19 页。

第六章　保障住房权的裁量基准：国家最低核心义务

第一节　国家最低核心义务基本理论

一、国家最低核心义务理论缘起

“国家的最低限度的核心义务只能被看作实现公民社会权的第一步，而不是实现社会权利进程的终结。提出最低限度核心义务的概念不能视为国际社会要减少社会权利，更不意味着社会权利的最低限度的核心义务是可商榷并可打折扣的。最低限度核心义务应当被看作不能逾越的底线。”① 为了清晰界定经济、社会、文化权利的含义，20 世纪 80 年代，国际人权法学界提出了“最低核心内容理论”，该理论认为，尽管权利的内容非常广泛、权利设定的目标也有高低之分，但每项权利都有一个基本的核心内容，“因此，每项权利必须产

① 王新生：《略论社会权的国家义务及其发展趋势》，载《法学评论》2012 年第 6 期，第 14 页。

生一个绝对的最低要求，如果没有了这个最低要求，那么缔约国就被认为是违反了由它产生的义务”①。一旦确定了社会权的最低核心内容，也就意味着社会权也具有像一般法律权利那样的精确性。

联合国经社文权利委员会在“关于缔约国义务的性质”第3号一般性意见中提出了“最低核心义务”概念，其直接吸收了最低核心内容理论，即通过“每项权利的最低限度基本水平”来界定国家相应的“最低核心义务”。随后，委员会又采用列举方式说明哪些属于权利的最低基本水平，如基本粮食、基本住房等，这些是维护人的尊严不可或缺的事物，为“最低核心义务”提供了价值基础。此后，经社文权利委员会在诸多一般性意见中（第12、13、14、15号）针对每一项相关权利分别阐释了“最低核心义务”，具体界定了每一项权利产生的最低核心义务的种类和内容，不断发展“最低核心义务”的概念。

国家最低核心义务的履行状况主要取决于其可供支配的财政资源，“关于一缔约国是否履行了最起码的核心义务的任何评估都必须考虑到该国国内的资源局限。如果一个缔约国将未履行最低核心义务归因于缺乏资源，那么它就必须证明已经尽了一切努力、利用了一切可以利用的资源优先履行了那些最低核心义务。”这意味着如果国家在履行相关证明责任的情况下，可以违反它所承担的“最低核心义务”。基于此，经社文权利委员会在后来的一般性意见中改变了这一立场，如在关于享有能达到的最高健康标准的权利第14号一般性意见和关于水权的第15号一般性意见中，不仅确定了哪些作为或不作为违反了健康权和水权，而且还区分了缔约国“不能”或“不愿”遵守公约的两种情况。如果缔约国因资源困难而无法完全履行公约义

① Phillip Alston, *Out of the Abyss: The Challenges Confronting the New U. N. Committee on Economic, Social and Cultural Rights*, Human Rights Quarterly, Vol. 9, 1987, p. 351. 转引自黄金荣：《司法保障人权的限度——经济和社会权利可诉性问题研究》，社会科学文献出版社2009年版，第215页。

务，委员会又把义务区分为非核心义务与核心义务。对于前者，缔约国可在履行相关证明责任后免除公约义务；而对于后者，“在任何情况下缔约国均不能为没有遵守……核心义务辩解，这些核心义务是不能减损的”[①]。如果缔约国不愿最大限度地利用其现有资源实现健康权或水权，即违反了公约义务。这说明，“经济和社会权利条款能否进行清晰规定，国家的政治意愿也至关重要，资源限制问题必须跟国家的政治意愿问题联系起来进行考虑”[②]。

简言之，提出“最低核心义务”概念的目的在于设计一种制度来监督国家义务履行，评估国家政策及效果，为实现社会权找到一种可行的解决办法。“应从多维视角对最低核心义务概念加以理解，它既包括尊重、保护和实现的义务，也包括行为义务与结果义务，是一种多维度的义务体系。”[③] 国家在履行最低核心义务时，要确保每项权利达到一种最低基本水平，即使在可利用资源确实不足的情况下，也要确保公民最大限度地享受相关权利，并尽一切努力，使用可支配的资源优先满足最低核心义务。同时，资源短缺并不能解除国家在实现住房权方面的最低核心义务，这些核心义务在任何时候都应适用，而与有关国家资源的可获得性以及其他因素和困难无关。

进一步说，最低核心义务同样适用于尊重、保护和给付义务。毫无疑问，其对于资源要求最高的给付义务意义最大，它要求国家应优先保障最低层次的生存权利。不可否认，“认真地对待权利意味着必

---

① U. N Econ. & Soc. Council General Comment No. 14：*The Right to the Highest Standard of Health*, p. 47, U. N. Doc. E/C. 12/2000/4. General Comment No. 15：The Right to Water, p. 40, U. N. Doc. E. C. 12/2002/11.

② 黄金荣：《司法保障人权的限度——经济和社会权利可诉性问题研究》，社会科学文献出版社2009年版，第224页。

③ 张雪莲：《经济社会权利“最低核心义务”的概念分析》，载《学术交流》2009年第10期，第52页。

须认真对待稀缺”[①]，最低核心义务可谓是在资源稀缺和基本权利实现之间架起的一座桥梁，主要是解决社会权实现所面临的困难和挑战，其就是直接面对资源稀缺问题的理论。

二、住房权保障的国家最低核心义务的内容

国家保障住房权的最低核心义务，是实现公民住房权的初始，是“万里长征”的第一步而非最终结果，这只是国家在保障人权方面所参照的最低标准，仍需在此基础上进行进一步的努力。“国家必须保障公民维持人性尊严的最低限度的生活，也就是说，当公民的生活无法达到维持人性尊严的最低标准时，就可以直接依据基本权的规定，向国家提出请求。所谓最低限度，德国联邦宪法法院认为，只有具备某些前提要件，基本权的规定才不会完全被空置，或是彻底失去功能和价值时，公民才对这些要件拥有给付请求权。”[②]

现实中，很少有国家能充分有效地实现住房权，一方面由于国家可获得的资源有限，而另一方面则由于很多国家误解了其所承担的与住房权相对应的国家最低核心义务。联合国前住房权特别报告员拉金德尔·萨查尔（R. Sachar）法官在其最后报告中指出，最低限度的住房权并不意味着：（1）国家需要为全部人口都建立住房；（2）国家为所有请求的人免费提供住房；（3）国家在承担这项义务后必须马上实现该权利的所有部分；（4）国家必须专门委托自己或未管理的市场确保每个人都享有该权利；或者（5）该权利在任何时候、任何地方都呈现完全同样的形式。相反，住房权应以最一般的意义理解和解

① 史蒂芬·霍尔姆斯、凯斯·桑斯坦：《权利的成本——为什么自由依赖于税》，毕竞悦译，北京大学出版社2004年版，第67页。

② 赵宏：《主观权利与客观价值——基本权利在德国法中的两种面向》，载《浙江社会科学》2011年第3期。

释：（1）一旦先前接受了这样的义务，国家须努力采取所有适当措施来确保每个人都拥有健康、福利和安全，以及与其他人权相一致的住房设施及资源；（2）提出住房申请的人应该是无家可归、无适足住房或一般不能获得与住房权相关的一系列权利的人；以及（3）直接承担法律义务的国家将采取一系列措施，表明政策和法律认可此权利的每一个组成部分。①

上述观点虽为国家保障住房权最低核心义务的履行指明了努力方向，但可操作性与可实施性有所欠缺。在对大量国家报告进行审查的基础上，最终确定了住房权的最低参考标准，其内容主要包括：（1）不管是租用、（公共和私人）居住、合伙居住、租借、所有人居住、紧急情况下居住还是非正式居住，都享有保有权的法律安全。（2）服务、物质、设备和基础设施的可使用性。一个良好住房应包括对健康、安全、舒适等方面至关重要的某些设施。（3）可支付性。和住房相关的个人及家庭开支应使其他基本需要的获得和满足不受威胁与损害。（4）可居住性。居民应有充足空间以及抗寒冷、潮湿、炎热和雨水的设施，有能力尽量远离对健康的其他威胁、结构性危险及疾病等。（5）可获得性。弱势群体应完全地、可持续地获得住房资源，并在住房领域享有某种程度的优先考虑的保证。（6）地点。充足住房须在一个可以获得或使用雇佣选择、医疗服务、学校、儿童保育中心及其他社会设施的地点。（7）文化。房屋建筑的方式、使用的建筑材料和支持政策须恰当地使住房的文化特性和多样性得到表达。②

那么，就住房权而言，应如何考量国家保障住房权"最低核心义务"的标准呢？对于"最低"，我们不能抽象地定性或衡量，而应尽

① S. 莱基：《适足住房的权利》，载 A. 艾德、C. 克洛斯、A. 罗萨斯主编：《经济、社会、文化权利教程》（修订第二版），四川出版集团、四川人民出版社 2004 年版，第 125 页。

② Symonides. *Human Rights*: *Concept and Standards*, Dartmouth, 2002, p. 132.

可能具体地衡量，只有这样，才能统一国家违反住房权最低核心义务的标准。依据联合国2003年于日内瓦召开的住房权指标数专家组织会议，住房权的“最低”核定标准应包括以下指标：住房权适足性指标（土地使用权安全指标、住房设施可用性指标、住房区域和位置指标、住房健康指标、住房文化适当指标、住房可承受指标、特殊群体取得住房指标）、强制驱逐的规模和范围指标、无家可归的规模和范围指标、住房歧视和平等指标、国内法保护指标、接受国际标准的指标等。

当然，在适用上述标准时不能生搬硬套、一概而论，而应切实考虑国家的实际情况，不同问题不同对待。在评估国家是否履行了保障住房权实现最起码的核心义务时，也应考虑该国国内资源的局限，如果将未履行义务归因于资源缺乏，那么该国就必须证明其已经尽了最大努力、优先履行了最起码的核心义务。

“权利的享有只是权利作为观念和思想而存在。在法治社会中，每个被称为人的动物都可以平等地享有权利。但并不是在这个社会中的每一个人都可以实际地享有和实现权利。”① 住房权是一项基本权利，对国家来说则是一项义务，其不仅包含要求国家对公民住房不得非法限制和侵入的义务，还包含要求国家积极采取措施确保公民能享有安全、和平和有尊严住房的义务。尽管国家义务“三分法”已成为大多数学者的基本共识，但联合国人居署在其发布的住房权方案中将国家的“三层次义务”变成了“四层次义务”，下文将结合其行动分列表对住房权的国家最低核心义务进行详细分析。根据义务层次理论，我们尝试把实现住房权的国家最低核心义务的内容体系初步分为三个层次：（对已有住房阶层住房权的）尊重义务的最低核心义务、

① 钱大军、王哲：《法学意义上的社会弱势群体概念》，载《当代法学》2004年第3期。

（住房权被侵犯时国家提供的）保护义务的最低核心义务、（住房弱势群体住房权的）给付义务的最低核心义务，“这些义务在性质上并不互相排斥，各种人权义务尽管程度上存在差异，但都是权利的一个侧面，而国家负有针对这些侧面采取措施的全面性义务”①。

联合国人居署提供的住房权行动分列表②

尊重	保护	促进	实施
防止非法驱逐和强迫迁出	防止侵犯住房权	保障住房占有权	防止和消灭无家可归现象
防止一切形式的歧视	国内补救和国际法的国内适用	立法审查确认住房权	增加住房公共支出并恰当确定支出对象
防止任何倒退措施	确保所有群体权利平等	制定能够充分实现的基准	人人都有适足可居住房
各种基于住房的自由	人人有机会获得承受得起的住房，制定承受力基准	制定国家住房权战略	制定实际住房最低标准
隐私权和对住宅的尊重	需要特别措施向处境不利的群体提供获得住房的机会	注重脆弱群体的权利	提供一切必要的服务和基础设施
大众参与住房决策	对住房实行居民民主管理	获得住房信息的机会	大众住房融资和储蓄计划
尊重住房的文化标志	房租水平和私营住房部门活动的节制	确保承受得起的土地的充足供应	社会住房的建造

① ［日］大沼保昭：《人权、国家与文明》，王志安译，生活·读书·新知三联书店2003年版，第210页。

② HS/C/17/INF.6，表2。转引自：王宏哲：《住房权研究》，中国法制出版社2008年版，第141～142页。

第二节 “住房权保障的国家最低核心义务”可诉性之法理阐释

一、“住房权保障的国家最低核心义务”可诉性证成

作为社会权的住房权，虽在世界范围内已得到诸多国家确认，但并没有消除长期以来就一直存在的、对这类权利所具有的“权利”属性的怀疑。怀疑论认为，社会权在法律上不具可诉性，因而不太可能通过司法进行保障；在怀疑论者看来，一项不能实现司法保障的权利能否被称为“权利”，本身就是值得怀疑的。“而一个不容否认的事实是，长期以来，认为经济和社会权利不具可诉性的观点经常占据主导地位。”① 对于积极义务层次的住房权，联合国经社文权利委员会也承认它们受到可利用资源的限制，允许各缔约国“逐渐实现”这些权利，但同时又强调，这并不能否认缔约国对住房权的最低核心义务所负有的即刻实现的义务。当然，经社文权利委员会的回答并不是、也不可能是辩论的终结，因为“住房权是否具有可诉性，以及在何种深度与广度具有可诉性”不仅是一个理论问题，还是一个实践问题。

许多学者认为，住房权的实现需依赖一国的经济发展水平和财政政策，社会立法的制定与否属于立法机关的立法裁量范围，相应地，在社会权救济的方式上，人们一直认为这是一种“非司法上的权利”，

---

① 黄金荣：《司法保障经济和社会权利的可能性与限度——南非宪法法院格鲁特布姆案评析》，载《环球法律评论》2006年第1期。

即非诉权利。[①] 住房权作为一项可以向国家要求积极作为的基本权利，固然受到经济文化发展水平、政治制度、思想观念等诸多条件的限制，但这种资源的限制并不能否定住房权的可诉性，住房权的实现应当具有获得司法救济的能力，主要体现在当公民住房权受到侵害时，能够提起诉讼，通过司法途径获得救济。一种权利是否可诉，直接影响到这种权利的实现与否。从这个角度上来说，住房权的司法救济远比立法保障与制度保障的意义更为深远。[②]

概括起来，反对住房权具有可诉性的理由主要有：第一，住房权是积极权利，其实现关系到公共开支、政府对经济和土地市场的管理、住房补贴、提供公共住房、基本服务、税收和随后的重新分配等诸多方面的事项，这些都需要由大量的社会资源作保证，国家对这些权利立即进行保障是不现实的，只能予以逐渐实现；第二，住房权具有不确定性，司法机关难以判断；第三，在法律没有对住房权进行清晰、具体规定的情况下，由司法机关予以实施，容易侵犯立法机关和行政机关的职权，违背权力分立原则。

在住房权价值得到普遍认可的情形下，否认住房权的救济将大大削弱各国宪法或普通法律保障住房权的效果，其结果仍然是将社会权和自由权置于不平等地位，不符合两类权利不可分割、相互依赖的原则。通过下列分析即可发现，上述反对住房权可诉性的理由不能成立，甚至有些牵强附会。

1. 传统的人权两分法并不能成为否认住房权可诉性的理由。传统观点认为，“公民和政治权利可以由一国政府的不作为而实现，仅仅尽到尊重的义务即可，而不需要国家花费成本，但经济、社会、文化

① 关今华：《人权保障法学研究》，人民法院出版社2006年版，第369页。

② 杜芳：《论公民住房权法律保护体系的构建——以城市房屋拆迁的根本治理为视角》，载《湘潭大学学报（哲学社会科学版）》2010年第4期，第65页。

权利却需要政府采取确实可行的措施，更多地发挥其政治权力，带有明显的政治性。”[①] 还有人认为，对住房权这种积极权利的救济会增加国家财政开支，这种观点显然是站不住脚的，因为消极权利的救济同样会增加开支，而这并未成为对消极权利进行救济的制约因素。[②] 从救济层面来看，任何权利都是积极的，任何权利都需要国家通过积极行为予以回应，都依赖于国家承担积极的义务。实际上，所有宪法权利都有财政预算问题，需要由大量社会资源作保证。绝大多数消极权利仍然需要政府的帮助，如果没有公共支持，这些权利将无以为继。住房权不仅要求国家积极作为，而且也要求国家消极节制。例如，住房权要求国家不得任意驱逐，此项即刻义务对公民来说就是可即时实现的权利。

2. 虽然住房权规范具有一定的不确定性，但法院仍然可以判断国家是否违反了住房权义务。目前，相关国际组织已公布了具有可操作性的住房权定义，明确规定了层次分明的国家义务结构。联合国经社文权利委员会在其第 4 号一般性意见中提出了与住房权相关的七项标准，其中对“可居住性”“可负担性”“可获得性”“适合性”等要求与标准都作出了清晰的解释。

3. 司法机关对住房权提供救济并不会破坏权力分立原则。一般来说，对法律没有充分保障的权利的救济，是司法机关法律解释职责的延伸，其本身也是将宪法具体化的一种途径，这一点也体现在司法机关对其他宪法权利的救济上，所以，由司法机关对立法进行暂时的补充具有一定的正当性。

---

① ［挪］A. 艾德、［芬］C. 克罗斯、［比］A. 罗萨斯主编：《经济、社会和文化的权利》，黄列译，中国社会科学出版社 2003 年版，第 5 页。

② ［美］凯斯 · R. 孙斯坦：《设计民主：论宪法的作用》，金朝武译，法律出版社 2006 年版，第 261 ~262 页。

二、“住房权保障的国家最低核心义务”可诉性的限度

国家要真正保障住房权，就不能缺乏司法救济。在过去数百年，世界各国法院都不愿解决有关住房权等社会权的问题，认为只有决策者和政治家才是社会权的合法判定人。目前，这一观念正逐渐发生变化，那些认为社会权不能通过司法救济的论辩，已被具体司法实践抛至脑后。社会权在法院是可裁判的，其宪法诉讼在一些国家已经出现，南非宪法法院就是典型之一，其已创造出多个经典判例，其中2001年判决的有关住房权的格鲁特布姆案已被广泛视为证明社会权具有可诉性的里程碑式案件。与此同时，各国法院对社会权的司法救济力度正逐步增强，不断创制出各种救济机制。

著名人权学者A. 艾德曾经提出：“可以理解，为何有些在其最高和最普遍层级上所承诺的义务难以成为可审判的（由第三方司法裁决来解决）。只有当这些义务被分解为具体的组成部分时，可审判性才现实可行。”① 国家保障住房权的义务可划分为尊重义务、保护义务和给付义务三个层次，不同层次义务所包含的国家最低核心义务的可诉性亦有所不同。

1. 住房权国家尊重义务层面的最低核心义务具有完全可诉性。尊重义务主要是要求国家不侵权、不作为，这是国家应当履行的基本义务。虽然理论界对住房权等社会权的可诉性仍存有不少争议，但对保障住房权的国家尊重义务可诉性问题已达成基本共识。“在所有的经济和社会权利中，内在固有的消极禁止（‘尊重’义务）显然是可在

① The National Ombudsman：*HIV - besmetting van hemofilie - patienten.* NICM - Bulletin, Vo. l 20, No. 8 (1995), pp. 1005 - 1033 (note A. H. Hendriks).

法院得到实施的。”[①] 住房权在尊重义务层面具有绝对可诉性。对于住房权的尊重义务，国家需要发布一般性的禁止性法律对此作出界定，由于禁止性法律几乎概括性地禁止了所有干涉和侵犯行为，其权利规范相对而言比较明确、清晰，对于司法机关来说，其适用就不会面对政治合法性与司法能力的挑战。当然，实现住房权的尊重义务同样需要经济资源，只是相对较少罢了，因为国家至少要消耗一定的资源用于教育、培训各级政府机关的工作人员，从而使他们遵守国家应尽的尊重义务。另外，立法机关如果未依据“平等原则”“比例原则”“必要性原则”等原则制定有关住房权的立法，事实上也是对尊重义务的违反，司法机关对此应进行审查，将其归入住房权的尊重义务可诉性层次之内。因此，国家保障住房权的最低核心义务在尊重义务层面具有绝对可诉性，实践中，司法机关大多是通过适用平等原则和不歧视原则实现对住房权的司法救济。

2. 住房权国家保护义务层面的最低核心义务具有部分可诉性。国家保障住房权的保护义务是指国家必须采取积极措施预防、制止、惩罚第三人侵害住房权的义务。“在立法者对权利规范所对应的义务内容规定不明确，并且履行保护义务还需要消耗一定资源的情况下，法院适用这种权利规范的难度以及谨慎程度就会立即增加。”[②] 对于住房权的国家保护义务而言，尽管其规范内容有确定的一面，但某些含义的不确定性已大大增加，其所要求的资源也是尊重义务阶段所不能相比的，因此，此层面的可诉性显然要差些。具体到保护义务层面的国家最低核心义务，尽管其有效实施可能存在一定困难，但是其中“阻

① S. 利本堡：《在国内法律制度中保护经济和社会权利》，载［挪］A. 艾德、［芬］C. 克罗斯、［比］A. 罗萨斯主编：《经济、社会和文化的权利》，黄列译，中国社会科学出版社2003年版，第65页。

② 黄金荣：《司法保障人权的限度——经济和社会权利可诉性问题研究》，社会科学文献出版社2009年版，第187页。

止和救济来自第三方的侵害”应成为最低核心义务的一部分。进一步说，保障住房权的国家最低核心义务在预防层次义务中，因其主要是国家的组织和程序保障义务、制度性保障义务，是与基本权利客观面向对应的且指向不确定权利主体的义务，从而不具有可诉性；而在制止和惩罚层次义务中，因其针对的是特定权利主体和具体的国家行为，表现出的仍是尊重义务所倡导的消极自由理念，因而与自由法治国性质受益权功能相对应的保护义务中的禁止和惩罚义务呼应，具有完全可诉性。

3. 住房权国家给付义务层面的最低核心义务具有部分可诉性。与尊重义务和保护义务截然相反，给付义务通常被视为积极义务，要求国家主动采取措施确保每项权利的最基本内容得到实现。国家保障住房权的给付义务包括具体给付义务与抽象给付义务两部分内容。具体给付义务是与基本权利中具有社会法治国性质的受益权功能对应的、对特定权利主体在具体事项中提供帮助的义务。具体给付义务的可诉性，“既取决于相关公权力行为的主观态度，也受社会物质水平的客观限制，给司法审查带来困难。但是，随着现代化负面效应的累积，个人努力的效果在社会中日渐式微，理论和司法实践中均承认了这种国家义务一定程度上的可诉性。”① 实践中，住房权的具体给付义务主要表现为国家的最低核心义务。包含提供最低限度住房保障的内容，在这一范围内，国家负有的义务不受现有资源制约而必须履行，并且可由司法机关裁判，因此具有可诉性。住房权的抽象给付义务是与基本权利客观面向对应的制度性保障义务、组织与程序保障义务，在实践中主要表现为国家的“逐步实现的义务”，该部分义务一般不具有可诉性。

因此，国家保障住房权的最低核心义务在一定程度上具有部分可

① 刘耀辉：《国家义务的可诉性》，载《法学论坛》2010 年第 5 期，第 93 页。

诉性。即使在调整进程、经济衰退或其他因素造成资源严重缺乏的情形下，国家仍须通过耗资相对较少的方案来保护住房权易受侵害者，至少要确保住房权的实现达到一个最低基本水平，确保人们最大限度地享受相关权利，并尽一切努力，使用可支配的资源优先满足国家的最低核心义务。同时，资源短缺并不能解除国家在实现住房权中的最低核心义务，这些核心义务在任何时候都应适用，而与有关国家资源的可获得性以及任何其他因素和困难无关。

第七章　多层面透视住房权实现之困境与尴尬

第一节　国际层面：实现住房权之实体性义务与程序性义务严重失衡

一、有关住房权的国际性文件显现出丰实而多层次的实体性义务

任何一项权利的实现都必然存在与之相对应的义务承担主体，住房权也不例外，其实现需要国际社会、国家和个人承担不同的责任和义务。实现住房权的实体性义务，即国家依据公约或决议，承担最大限度地利用其现有资源，采取个别步骤，或经由国际援助和合作，使用一切适当方式，逐渐达到住房权充分实现的义务。

自从1948年《世界人权宣言》公布以来，大量的国际文件明确承认住房权。1966年通过的《经济、社会、文化权利国际公约》第11条第1款被公认是关于住房权的最具普遍约束力的国际法律渊源，其规定为："本公约缔约各国承认人人有权为他自己和家庭获得相当

的生活水准，包括足够的食物、衣着和住房，并能不断改进生活条件。各缔约国将采取适当的步骤保证实现这一权利，并承认为此而实现基于自愿同意的国际合作的重要性”。

1976 年联合国人类住区第一次会议在温哥华召开，会议通过了《温哥华人类住区宣言》。该宣言表达出对住房权的全面保障：“适足住房和社区服务是一个基本人权，这一点使得国家承认了保证其国民实现这一人权的义务。国家最先能做的就是直接帮助国民采取自助行动和社区行动来实现其权利。”

1988 年 12 月 20 日，联合国大会通过了《到 2000 年全球住房战略》。战略把住房权作为重要的基石，其第 13 条写道：“适足住房权已经被国际社会普遍接受……所有国家无一例外具有在这方面的一些义务……所有公民，即使他们很贫穷，都有权要求他们的政府关心自己的住房需求，都有权要求国家尊重、提高他们的住房条件。”

1991 年联合国经济、社会、文化权利委员会通过了《第 4 号一般性意见：适足住房权（〈公约〉第十一条第一款)》。该意见对适足住房权的内涵、原则和规范进行了权威的法律解释，其已成为很多国家住房权行动的基础，也是联合国经济、社会、文化权利委员会定期评估各国住房权义务的基本标准。1997 年联合国经济、社会、文化权利委员会通过了《第 7 号一般性意见：适足住房权（〈公约〉第十一条第一款)：强迫驱逐》。

不言而喻，上述重要的关于住房权的国际性人权文件，不论是作为国际人权宪章的《世界人权宣言》与《经济、社会、文化权利国际公约》，还是主要针对特殊群体的《消除对妇女一切形式歧视国际公约》与《儿童权利公约》，都对住房权的保障提出了严格而全面的实体性义务要求，对各个缔约国进行了最大限度的要求，从而显现出丰实与多层次的特征。

二、保障住房权实施的程序性义务贫乏而薄弱

徒法不足以自行，只有通过良好的实施机制才能实现其价值，保障住房权实现的国际人权公约亦是如此。住房权实现的程序性义务，是指国际社会为了保障和监督公约或决议的实施而对国家提出的要求，此种义务并不直接实现相关的权利，而是从程序上提供监督和协助各国的方法与步骤，该义务主要强调的是国家在国际人权法上承担的义务，区别于国内法中为实现相关权利而制定的程序法律和规则，与程序性义务相关的是公约或决议的国际实施机制及其运作。① 一般来讲，缔约国根据国际人权公约所承担的程序性义务包括四种类型：提交国家报告的义务、接受相关人权委员会监督的义务、成为国家间指控和个人申诉对象的义务以及出席有关司法诉讼并履行司法判决的义务。

然而，作为住房权的最重要的法律渊源的《经济、社会、文化权利国际公约》并没有规定详尽的程序性义务，仅在公约第 16 条至第 19 条规定了国家报告制度，即各缔约国应向联合国提交报告，内容为国家立法和实践中所采取的措施以及在遵守公约过程中所取得的进展。虽然公约通过于 1966 年，并于 1976 年生效，但其规定的国家报告制度起步较晚，至 20 世纪 90 年代初才得以成型。

不断完善的国家报告制度并没有克服所有问题而发挥其真正作用。令人深思的事实是：各缔约国所提交的国家报告经常不同程度地存在着避实就虚、过于抽象、拖延审议结果、缺乏强制力等问题。正如社会权专家菲利普·阿尔斯顿在联合国人权条约实施报告中指出

① 柳华文：《论国家在〈经济、社会、文化权利国际公约〉下义务的不对称性》，北京大学出版社 2005 年版，第 8 页。

的："现有的报告制度能够运行只是因为大量的国家迟延提交或者根本不提交报告，如果大量缔约国及时提交报告，现有制度的严重不足就会恶化，而重要的改革就会更为急迫。"① 究其原因，主要是大多数的国际人权公约都规定了缔约国报告程序，这就产生了报告内容的重复，给缔约国带来繁重负担，各国参加或批准的人权条约越多，不同层次、不同要求的报告义务就会迅速增加和膨胀，除了正式的报告要求之外，各缔约国还可能面临并非基于条约的与报告信息有关的要求，这种"非正式"的要求通常也构成报告的重复性，额外的工作负担造成大量时间和资源的消耗和浪费。因此，缔约国虽提交了报告，但这并不等于它真正适当地履行了报告中所称的各种义务，可能缔约国的国内情况与报告的内容完全相反，完全可以用一些抽象空洞的大话来应付报告的内容。

同时，我们也看到在保护住房权的其他公约或决议中，都缺乏有可选择性的指控程序，目前在国际层面尚无专门为保护社会权而设置的有效指控机制。"有关的国际指控程序或其他监督机制迟迟得不到确认，建立不起相应的判例法，没有可比性机构的解释实践，也就不能使那些公开订立的条约、条款变得更为清晰、精确。"② 毋庸赘言，除了道德和舆论力量之外，保障住房权实现的国家报告制度所取得的成效并不令人满意，与国际公约或决议所规定的丰实而多层次的实体性义务相比，保障住房权实现的唯一国际程序性义务——国家报告制度显得势单力薄、软弱无力。

---

① See UN Doc. E/CN. 4/1997/74 (27 March 1997), p. 113.

② A. 罗萨斯、M. 谢宁：《执行机制与救济》，载 A. 艾德、C. 克洛斯、A. 罗萨斯主编：《经济、社会、文化权利教程》（修订第二版），四川出版集团、四川人民出版社 2004 年版，第 370 页。

第二节　国家层面：美好理想与无奈现实的博弈

一、呈现理想状态的国家对住房权的一般义务

因住房权的目标是一种无止境的追求，而国际层面对住房权的保障多是原则性和指导性的，住房权的最终实现要求国家承担并采取适当方式履行公约或决议所确定的义务。关于国家保障住房权实现所负义务最权威的阐述是：(1)《经济、社会、文化权利国际公约》第 2 条第 1 款；(2) 联合国经社文权利委员会通过的《第 3 号一般性意见：缔约国义务的性质（〈公约〉第二条第一款)》。其中，《经济、社会、文化权利国际公约》第 2 条第 1 款规定："每一缔约国家承担尽最大能力个别采取步骤或经由国际援助和合作，特别是经济和技术方面的援助和合作，采取步骤，以便用一切适当方法，尤其包括用立法方法，逐渐达到本公约中所承认的权利的充分实现。"这是确定国家一般住房权义务的关键。

1. "采取步骤，以便用一切适当方法，尤其包括用立法方法"的义务。尽管公约规定各种权利的完全实现可以是逐渐达成的目标，但只要缔约国承诺了公约的义务就必须在极短时间内为此而采取积极行动。"适当方法"包括立法、行政、司法、经济、社会和教育方法，是政府在国家层面上可以使用的方法，其目的是实现国家的责任。然而，从公约第 2 条的措辞来看，立法并非是强制性的，有些国家只是确定采取此措施的愿望罢了。有鉴于此，联合国住房权特别报告员强调："一切对本国宪法进行修订或拟定新宪法的国家，应充分注意把

住房权条款列入条文，以期澄清、改进并加强适足住房这项人权。同一原则应适用于实现这项权利相关的新法律或修订法律的立法程序。"①

2. 最大限度地利用其现有资源的义务。由于各国经济、社会和文化等不同，"最大限度地利用其现有资源"在很大程度上取决于一国的经济地位，加之各国资源能力极端不平衡，公约在住房权实现的问题上给予国家很大的自由裁量权。因此，住房权的实现就更多地依靠于国家特别是行政机关的良心，从某种程度上来说，国家对住房权的义务更像是一种道德义务，而不是一种法律义务，这就使得国家在这种理想与现实之间摇摆不定。

3. 逐渐达到所承认权利的充分实现的义务。住房权等社会权的实现比公民和政治权利的实现要受到更多外部条件的限制。"逐渐达到"并不意味着国家有权无限地拖延，相反，它要求所有缔约国立即采取种种措施实践自己在公约下的义务。然而，"逐渐达到"不仅受到资源的影响，同时还受到社会发展的影响，这些资源对于每一项权利的实现都是必要的，如受教育权、工作权、健康权等。那么，哪项权利是基本的、哪些权利又是基本中的基本，各国观点不一，立场矛盾诸多，直接影响到政府的预算与支出决定。

同时，公约第 2 条第 1 款使用了"最大能力""逐渐""充分实现"等模糊字眼，"最大能力"代表理想主义，"逐渐"代表现实，对国家来说代表着回旋余地，表达出一种冰与火矛盾交融的理想状态，具有理想主义色彩。难怪有学者宣称，"人权法宣示和承诺的东西比它们所能解决或者带来的东西要多得多"②；"公约是对有关权利

① 王宏哲：《适足住房权研究》，载徐显明主编：《人权研究》（第七卷），山东人民出版社 2008 年版。

② See David Kennedy, *International Human Rights Movement: Part of the Problem?*, in Harward Human Rights Journal, pp. 116 – 118.

的雄心勃勃的表达"[1]。同时，连经社文权利委员会自己也不得不承认：第 11 条第 1 款（即适足住房权）所确定的标准与世界上许多地区普遍存在的实际情况之间有着令人担忧的差距，虽主要存在于面临资源和其他限制的发展中国家，但一些经济发达国家也存在着明显的并且不断增长的无家可归和缺乏住房的问题。据联合国估计，全世界有 1 亿多人无家可归并且有 10 亿多人住房不够，没有迹象表明这个数字在下降，没有一个缔约国在获得住房权利方面不存在这样或那样的显著问题，因此，委员会对许多国家没有在他们所提交的报告中承认和描述在保障获得充足住房权方面所遇到的问题表示遗憾。[2]

可见，理想而完美地规定住房权标准的国际或国内法律文本并不能保证每个人都能住进豪华大厦，现实与希望之间实际上存在着相当大的差距，严峻的现实要求我们更多地关注所能取得的最大实效，而不是追求完美无缺的标准和目标。

二、影响住房权实现的无奈现实

虽然国际、区域性以及国家法律体系大都广泛承认住房权，但就其被侵犯的规模或强度来说，很少有权利能与住房权相比。尽管准确判断侵犯住房权的范围有诸多困难，但联合国定期公布的数字谨慎地估计全世界有 10 亿多人无适足住房，另外有 1 亿人根本无家可归。更糟的是，每年不少国家有上百万人被迫离开自己的家园和土地，进一步加剧了全球住房权危机，数以万计的居住者依旧缺乏一项或多项与住房权相关的基本权利。因此，基于相关的公告，全世界估计将近

---

① See Barbara Stark, *Economic Rights in the United States and International Human Rights law: Toward an Entirely New Strategy*, in Hastings Law Journal, November 1992, p. 79.

② A. 艾德：《国际人权法中的充足生活水准权》，载刘海年主编：《〈经济、社会、文化权利国际公约〉研究》，中国法制出版社 2000 年版，第 215 ~ 216 页。

一半的人口至今仍没有完全享受住房权。① 无可否认，住房权的实现确实要受到自然资源状况、经济发展水平、政治文化、思想观念等因素的制约，特别是对低收入而又没有占有资源的人而言，实现住房权在客观上具有较大难度。

1. 自然资源

住房的物质形式决定了其自然属性，各国住房质量和标准必然受该国所拥有的自然资源的影响，国家在制定住房权保障法时，不得不将其列入立法考虑范围，否则，所制定的法律就不具可行性，很难真正实现本国公民的住房权。然而，世界自然资源分布极不平衡，各国所处的地理环境和所拥有的自然资源千差万别，这些都严重影响着住房权的实现：幅员辽阔、物产丰富、人口较少的国家，其住房标准相对较高，住房权更易实现；资源贫瘠、经济落后的国家，有时只能望洋兴叹。

2. 经济发展水平

社会权观念之所以滞后于"第一代人权"，是因为只有在剩余价值充分积累一定时间后，政府才有可能具有向公民分配生活资料包括住房的能力。与公民和政治权利相比，实现社会权确实需要占用更多经济资源，需要国家强大的经济实力作保证，因此，公民住房权的保障状况在很大程度上受制于国家经济发展水平。在住房保障措施中，不论是经济适用房制度还是廉租房制度都需要国家和社会投入大量资金，并且随着住房保障主体范围扩大，需要投入的经济资源也会随之不断扩大。对于经济发展水平较低的国家而言，因政府可支配资源有限并且贫困人口所占比例过大，若要建立广泛的、高水平的住房保障制度更是难上加难。

① S. 莱基：《适足住房的权利》，载 A. 艾德、C. 克洛斯、A. 罗萨斯主编：《经济、社会、文化权利教程》（修订第二版），四川出版集团、四川人民出版社 2004 年版，第 125 页。

3. 政治法律制度

在住房权实现过程中，国家和政府承担的是积极作为义务，故住房权能否真正实现在很大程度上取决于能否得到政治的承认和法律的认可，否则就只能处于应有权利阶段而无法得到切实保障。据统计，已有76个国家在其宪法中表达了住房权的内容，可见，通过立法特别是宪法立法的方式，从法律层面承认住房权的普遍性还有很大空间，而对于一个没有法律正式规定住房权的国家而言，政府会积极采取一切措施去保障其实现是难以想象的。

4. 思想观念

尽管国家在住房权的实现上承担着主要义务，但人们的权利和消费观念也内在地影响着住房权的普遍实现。权利观念意味着权利主体应当知晓自己的权利及其正当性、合法性、可行性和界限，在法定范围内行动以追求和行使自己的权利。纵观国外发达国家住房保障的发展历程，住房权的普遍实现同时也渗透着人们自身关于住房梯度消费的理念。也就是说，虽然公民的住房水平随着国家经济发展水平和居民收入的逐步提高而不断发展，但与此同时，加强舆论宣传、引导人们树立正确的住房消费观念同样必不可少。

第三节　个人层面：自我保障与政府阻碍的拉锯

一、个人对住房权实现的自我保障义务

《世界人权宣言》第29条第1项规定："人人对于社会负有义务，因为只有在社会中他的个性才可能得到自由和充分的发展。"因此，

个人在推进和实现住房权方面应当最大限度地运用自己的财产、工作能力和判断能力，在能力范围内采取措施以创造实现住房权的条件。

根据挪威人权专家 A. 艾德的国家义务四层次观点，在实现住房权上国家首先有尊重的义务，个人应该试图通过自己的劳动来满足安居需要，从某种程度上说，国家有义务尊重个人行使这一自由并为其提供机会。换言之，个人有义务通过自己的努力促进住房权的实现，不管是自建住房还是通过市场购买住房，都应当尽其个人与家庭所能，解决自己的居住问题，不占用未经批准利用的土地或住房，不为投机增值目的而将土地闲置。

二、政府阻碍与个人自力保障的拉锯

一般认为，人权的实现过程是不可逆的，即只能在已有基础上取得新进步，而不应采取任何故意的倒退措施，除非从权利整体性考虑是合理的，并且缔约国使用了该国可获得的最大限度的资源。同时，国家“逐渐实现”住房权的义务也包含要求国家承担不采取倒退措施的义务，因为任何倒退法律、政策或行为必然导致国家住房战略落空，可能使住房计划朝着预定发展的反方向运转，从而违背国际人权法原则。例如，国家及其代理人对公民住房的无正当理由的征收或拆除；国家对公民自建住房的限制措施，利用政策方式确定基于身份（农村人或城市人、本地人或外地人、本国人或外国人）的住房歧视、通过立法或行政法规减少住房土地使用年限等，这些行为从结果上剥夺了一些人对自己住房权的拥有。由此来看，个人实现住房权的努力可能由于政府政策的阻碍而难以实现，这种拉锯式的运动，从实现住房权的角度来说，不得不说是一种倒退。

恩格斯在《论住房问题》中指出：“住房缺乏现象具有急性病的

形式，而且大部分像慢性病那样继续存在着……住房问题，只有当社会已经改革到使人可能着手消灭城乡对立、消灭这在现代资本主义社会里已弄到极端地步的对立时，才能获得解决。”① 虽然这一结论是在特定历史条件下得出的，但我们也应看到，住房权的实现不论是在国际层面还是在国家与个人层面都存在着诸多问题与矛盾，解决这些问题在许多方面更多的是一个进程，而不仅仅是一种建立起来的法律文本结构。同时，解决住房权等社会权所表现出的坚强决心必须与维护“公民和政治权利的坚强决心”携手并进才能发挥作用，因为如果没有在法治基础上对这些权利进行保障，住房权可能仍然只是一种空洞的诺言罢了。“路漫漫其修远兮”，可以预见，住房权问题的根本解决在理论上和实践中都还有漫长的路要走。

第四节　我国保障住房权的现状分析

一、住房权尊重义务层面屡受侵犯

国家对住房权的尊重义务主要是要求国家不作为、不非法干涉公民住房权并及时制止阻碍或损害住房权的行为。住房权决定了住房具有非驱逐性，公民享有住房非驱逐权是理所应当的，而在我国，由于国家对公民住房权重视不够，现实中强制拆迁与暴力拆迁现象时有发生。个别地方政府常因自身经济利益与房地产开发商相勾结，在拆迁过程中滥用公权，采用威胁、恐吓甚至断水、断电、断气、断暖等极

① 恩格斯：《论住房问题》，载《马克思恩格斯选集》（第二卷），人民出版社 1972 年版，第 460 页。

端手段强迫被拆迁人拆迁。公民在没有得到合理补偿和安置住房的情况下被强行驱逐出其住房，这种行为严重违背了国家应当履行的对住房权的尊重义务，有待立即规制。

2010年10月30日，在山西省太原市晋源区古寨村，孟某和武某两家的房屋面临拆迁，当地政府给予的补偿款买不起同规格的宅基地，两位老人守在家中防止房屋被偷偷强拆，当日凌晨，拆迁队翻过院墙暴打两人，导致孟某被打死、武某重伤。①

2010年9月10日，在江西省抚州市宜黄县凤冈镇强制拆迁引发一起自焚事件，三人被烧成重伤。钟家三人自焚时，县领导、警察与城管40多人袖手旁观，有家属想上楼救人，却被扯着头发拖回，警察拒绝用警车救人。②

2010年3月27日，在江苏省连云港市东海县黄川镇，陶姓人家为阻拦镇政府强拆自家的养殖场，父子浇汽油自焚，68岁的陶某死亡，其92岁的父亲被烧伤。③

2010年3月3日，在武汉市黄陂区，69岁的王某在阻止拆迁方施工的过程中，被铲土机扫进土沟活埋，不治身亡。④

由强制拆迁引发的恶性事件令人震惊。个别地方政府直接参与拆迁甚至用暴力进行拆迁，利用公权力粗暴侵害公民的权利，造成公民合法权益受损，公民为维护自己的权利，不惜采用反暴力手段与拆迁人展开殊死搏斗，已严重影响了社会稳定。尽管不少学者呼吁对其进

---

① 李南南：《山西太原暴力拆迁致死案凶手被指分工明确》，载法制网，http://www.legaldaily.com.cn/zbzk/content/2010－11/02/content_2336221.htm，最后访问日期：2018年4月2日。

② 张国栋：《燃烧的真相：江西宜黄拆迁“自焚”惨剧再调查》，来源网址：http://www.kaixin001.com/diary/view_44463326_36318650.html，最后访问日期：2018年4月21日。

③ 王晓易：《江苏九旬翁携子自焚阻强拆 拆迁人员被指未施救》，载网易新闻，http://news.163.com/10/0328/10/62RTB2PI000146BC.html，最后访问日期：2018年3月28日。

④ 赵蕾：《拆出人命的地方 官员果然个个还在》，载《南方周末》2010年4月8日。

行法律规制，而且有些地方政府也进行了大量的有益尝试，但是，由强制拆迁所引发的社会问题依旧无法得到根本解决。

《中华人民共和国宪法》第 13 条规定："公民的合法的私有财产不受侵犯。国家依照法律规定保护公民的私有财产权和继承权。国家为了公共利益的需要，可以依照法律规定对公民的私有财产实行征收或者征用并给予补偿。"《中华人民共和国物权法》第 42 条规定："为了公共利益的需要，依照法律规定的权限和程序可以征收集体所有的土地和单位、个人的房屋及其他不动产……征收单位、个人的房屋及其他不动产，应当依法给予拆迁补偿，维护被征收人的合法权益；征收个人住宅的，还应当保障被征收人的居住条件……"《中华人民共和国城市房地产管理法》第 6 条规定："为了公共利益的需要，国家可以征收国有土地上单位和个人的房屋，并依法给予拆迁补偿，维护被征收人的合法权益；征收个人住宅的，还应当保障被征收人的居住条件……"从上述各法律规定可以看出，要通过征收获得公民住房的所有权，必须具备三个法定条件，即必须为了公共利益、必须依据法律规定的条件和程序、必须给予补偿。因此，补偿是征收的构成要件之一，未依法补偿，对房屋所有权及相应土地使用权的征收程序就没有完成，而征收没有完成，就不能进行房屋的拆迁。①

但是，被废止的《城市房屋拆迁管理条例》将房屋拆迁补偿与征收进行了分离，仅把补偿作为拆迁程序的一部分，这实质上就将本应在征收阶段解决的问题推延至拆迁阶段解决。根据宪法与其他法律的规定，征收、补偿的主体应当是国家，征收、补偿法律关系应当是行政法律关系，但被废止的《城市房屋拆迁管理条例》却将补偿主体定

① 杜芳：《论公民住房权法律保护体系的构建——以城市房屋拆迁的根本治理为视角》，载《湘潭大学学报》2010 年第 4 期。

位为拆迁人，将拆迁补偿关系界定为民事法律关系，这些显然都与宪法、物权法、城市房地产管理法的规定相冲突。此外，上述法律法规都将住房权仅看作一种财产权，这便产生了一个很大的误区，因为公民的住房被征收，并不仅仅损害了其房屋所有权，还侵犯了生命权、人身安全权，更重要的是侵犯了其住房权。

二、住房权保护义务层面的弊病

（一）预防义务层面：房改政策时有偏离

住房权保护义务的预防层面主要针对一般情形的制度保护，对住房权保障具有较大的前瞻性，预防义务主要发生在侵害实施之前，更多地表现出对社会行为的一般指引。合理的预防性政策可以将可能的侵害扼杀在实施之前或萌芽状态，甚至铲除侵害发生的土壤，把对住房权的损害降到最低点。为了有力保障住房权，国家有义务对第三人可能造成的侵害进行周密考量和适当提前防备，按照比例原则权衡各方利益，通过立法或制定政策的方式对住房权的行使进行适当限制，为公民提供一定行为模式，营造有序环境确保公民自由行使住房权又不妨碍他人。然而，自 1998 年以来，我国对住房政策的调整有偏离亦有回归，出现过不少曲折，在一定程度上侵害了公民的住房权、加重了公民实现住房权的诸多困难。

1998 年国务院发布了《关于进一步深化城镇住房制度改革加快住房建设的通知》，即“国发〔1998〕23 号”，此文在我国住房政策人权化过程中具有里程碑意义，意味着经过近 10 年的探索，我国住房政策走上了与国际住房人权接轨的成熟阶段。该文提出住房制度改革的目标是：“停止住房实物分配，逐步实行住房分配货币化；建立和完善以经济适用住房为主的多层次城镇住房供应体系；发展住房金融，培育和规范住房交易市场”，此文的发布终止了延续几十年的福利分房制度，国家要求地方政府为贫困人群提供廉租房，以保障社会住房最脆弱的群体的住房权。“1998 年到 2003 年期间全国房价平均增长 3.5%，而全国城镇居民收入的增长是 9%”①，此数据显现出该文的实效。然而，由于国家在指导思想上仅仅看到住房的经济功能，视发展住房和建筑产业为经济发展的一种手段，为以后“唯市场化”和极端市场化的畸形发展埋下了伏笔。

2003 年 8 月 12 日，国务院发布了《关于促进房地产市场持续健康发展的通知》（国发〔2003〕18 号），把房地产市场发展的指导思想转变为：“要坚持住房市场化的基本方向，不断完善房地产市场体系，更大程度地发挥市场在资源配置中的基础性作用。”该文最值得诟病的地方是其颠覆了 23 号文确定的符合现代住房人权要求的住房分类供应体系的内在比例和结构，尤其是降低了经济适用房满足低收入阶层住房需求的地位。尽管 18 号文也强调了经济适用房和廉租房的重要性，也谈到了发展经济适用房和廉租房的主要措施，但是，在文件中，经济适用房和廉租房的重要性却远远没有普通商品房显得那么重要。18 号文中的国家功利主义立场导致了住房结构错位，最终使得住房在我国现代历史上真正成为一个社会问题，甚至被人们连同医疗和教育问题一起称之为压在民众头上的“新三座大山”②。

住房经过几年疯狂飙升，高房价已成为普通居民稳定生活的障碍，致使人们对国家住房政策强烈不满，这使得政府对住房的理解开始回归到住房人权的目的上来。主要体现为下列事件：（1）2007 年 5

---

① 周文水：《中国房产七年治政》，载《时代潮》2005 年第 14 期。

② 王宏哲：《适足住房权研究》，载徐显明主编：《人权研究》（第七卷），山东人民出版社 2008 年版，第 168 页。

月19日，当时的建设部部长汪光焘参加“城市发展国际论坛”并表示：“住房是人的一种基本权利，住房发展要从过去过分追求经济增长和平均住房面积增加，转向更加注重社会公平和解决民生问题，让更多的中低收入家庭共享改革与发展的成果，建立健全廉租住房制度，在实现城镇最低生活保障家庭应保尽保的基础上，逐步把廉租住房保障对象扩大到低收入住房困难家庭，让人人享有适当住房。”（2）2007年8月7日，国务院发布了《关于解决城市低收入家庭住房困难的若干意见》（国发〔2007〕24号），一改过去强调市场化、忽略保障性住房改革的政策，加强了过去的薄弱环节，第一次将“保障性住房”提到前所未有的高度，使我国的住房政策向正确方向回归，成为现行住房保障制度的指导性文件。（3）2007年11月19日，温家宝总理在新加坡发表演讲时表示：“首先，政府的职责最重要的是要搞好廉租房，让那些买不起房或者进城打工的农民工能够租得起房、住得上房。其次，是建设经济适用房，经济适用房大多数是面向中产阶级的，他们中有许多工资不是很高。对廉租房和经济适用房，政府应提供和保障土地的需要。”①（4）2009年4月13日国务院发表了《国家人权行动计划（2009—2010年）》，这是中国第一次制定的以人权为主题的国家规划，行动计划明确了未来两年政府在促进和保护人权方面的工作目标和具体措施，其中有关我国住房权保障的表述为：“发展普通商品住房和经济适用住房，改善城市中低收入家庭住房条件；健全廉租房制度，加快解决城市低收入家庭住房困难；严格执行拆迁的许可、资金监管、协议、评估、项目转让审批、住房保障、补偿救济和听证等制度，保障被拆迁人的合法权益。”

① 张永兴、李涛：《温家宝新加坡发表演讲 谈中国住房和股市问题》，载中国网，http：//www.china.com.cn/policy/txt/2007－11/20/content_9255475.htm，最后访问日期：2018年6月20日。

(5) 2010 年 4 月 17 日，国务院发布了《关于坚决遏制部分城市房价过快上涨的通知》(国发〔2010〕10 号)，强调住房问题关系国计民生，既是经济问题，更是影响社会稳定的重要民生问题，要大幅度增加公共租赁住房、经济适用住房和限价商品住房供应。

上述事件虽然实现了我国住房权保障指导思想的理性回归，与国际住房权的发展趋势逐步一致，对以后住房制度的改革和发展可能会产生积极影响；然而，由于我国住房问题积弊已深，究竟何时能从何种程度上全面改善公民的住房权，还有待时间检验。

(二) 救济机制不完备

救济的有无与多寡决定着住房权的实现程度。为保障公民住房权的有效实现，国家有义务建立较为完备的救济机制，但令人遗憾的是，我国现行救济机制在住房权保障上差强人意，与人们的期望相距较远。

虽然我国搭建了违宪审查制度的基本框架，但与西方相关制度在本质上存在很大差异。令人遗憾的是，至今，具有中国特色的违宪审查制度还尚未真正运行。全国人大常委会除对香港基本法进行了三次解释外，还未明确行使过违宪审查的职权。这致使一些侵犯公民住房权的行政法规、地方性法规、行政规章、地方性规章不能及时被撤销。住房不受侵犯是公民享有的基本权利，关系公民的生命是否有保障、生活是否安定。按照立法法的规定，涉及对民事基本权利及财产权利的调整只能由基本法律调整。原《城市房屋拆迁管理条例》是由国务院制定的行政法规，显然违背了宪法的相关规定，也与立法法所确立的法律保留原则相抵触，因此 2011 年 1 月 21 日，国务院公布了《国有土地上房屋征收与补偿条例》，同时废止了《城市房屋拆迁管理条例》。

尽管近年来住房权的宪法审查已有很大进步，但仍有很多国家的法院在处理时非常犹豫，仍然只是通过对私有财产、契约自由的限制予以支持，或是将住房领域的福利给付纳入财产权的范围加以保障，以灵活的法律解释技巧，不断维护着住房权的保障。反观我国的立法司法实践，社会权的可诉性还并未成为一个热点问题，而学界对住房权的司法保障研究也或多或少被视为一种奢侈。梦想的阳光总是在照进现实的过程中倾斜了它的角度，这也让我们看到了司法保障住房权的局限性。[①] 因此，赋予公民住房权、把其作为一项基本人权进行法律保护、使之具有可诉性并建立起一套对其进行司法救济的体制，直接说明了一国的法治水平，这不但能够切实保护住房权的实施，同时还能限制国家行政权力的滥用和不作为，维护社会稳定。

三、住房权给付义务层面之缺陷

（一）住房权可承受性低：85%家庭无能力购房

住房权的国家给付义务是国家对那些自身能力不足以取得住房以达到“最低限度生存”的人主动提供住房保障的义务。其具体给付义务是向特定权利主体在具体事项中提供帮助，要求国家为生活在社会贫困线以下的低收入者、无收入者、无家可归者等社会弱势群体提供保障性住房，这种具体给付义务主要适用于缺乏住房的公民，以使其生活不低于贫困线。唐朝诗人杜甫曾因茅屋被秋风所破而发出千古感慨：“安得广厦千万间，大庇天下寒士俱欢颜。”一千多年后的今天，杜甫的愿景依然是个梦，许多公民最低限度的住房权仍未得到保证，只能感叹：小桥流水人家，房贷压垮瘦马，高价不下，没房人在

① 张清、吴作君：《住房权保障如何可能研究纲要》，载《北方法学》2010年第4期。

天涯！

2010 年 12 月 7 日中国社科院发布了 2011 年中国《经济蓝皮书》，分析认为：2010 年全国城镇居民的房价收入比是 8.76，比去年上升了 0.46，相当于普通城镇居民家庭 8.76 年不吃不喝可买一套房，而北京、上海等大城市房价收入比都已经达到 20 以上，也就意味着 20 年不吃不喝才能买一套住房。在这样一个房价收入比水平上，目前中国 85% 家庭没有能力购买住房，房价上涨速度仍然高于城乡居民收入增长速度。[①] 世界银行曾提出发达国家正常的房价收入比一般在 1.8 ~ 5.5 之间，发展中国家合理的房价收入比应在 3 ~6 之间。有些专家表示，“按照房价与收入的关系及家庭负债破产风险性考虑，房价收入比保持在 3 ~6 较为合适，最高不宜超过 7。超过 7，大部分居民已经没有购房的能力了”。住房问题无疑成了悬在我国公民头上的“达摩克利斯之剑”，越来越多的人为了买房到银行贷款，从而沦为“房奴”。

当前我国房价严重背离价值，房价与收入比严重扭曲，使中低收入家庭、新入职的大学生甚至部分所谓的中产家庭失去了通过市场解决住房问题的能力，蜂拥入城的农民工更是只能望“房”兴叹。尽管国家也采取了各种措施来调控房价，但具有讽刺意味的是，房价却越调越高。而目前我国又缺乏全面、稳定、科学的住房保障体系，住房问题从一个经济问题转变成为一个严峻的社会问题，有学者认为“住房不可承受性已成为头号难题”[②]。

目前，住房权主要是为中低收入阶层尤其是为那些凭借自身收入难以拥有住房的阶层提出的权利，其中蕴含着一种“居者有其屋”的

① 《社科院 2011 年经济蓝皮书：85% 家庭无能力购房》，载腾讯网，https://news.qq.com/a/20101207/001626.htm，最后访问日期：2018 年 6 月 18 日。

② 张群：《住房制度改革 30 年：从法律史角度的考察》，载《法商研究》2009 年第 1 期。

愿望。尽管我国政府也高度重视住房问题，采取了一些保障住房权的具体措施，但受我国人口众多、土地资源有限、经济相对落后等现实条件制约，住房权保障现状并不乐观。住房权保障制度层面还存在诸多不足，当前所推行的经济适用房制度、廉租房制度、住房补贴制度等仍然处于一种管理较为混乱的无序状态，许多住房保障政策、制度不具有法律、法规层面上的效力，中央和地方政府所制定的住房保障标准难以统一。以往我国的法律体系侧重住房权的防御功能，主要保护消极层面的住房权，但对于积极层面的住房权却缺乏应有的关注与重视。目前，我国宪法并没有直接宣告和确认住房权，也没有一部专门法律或法规具体规定住房权的丰富内涵以及与之相对应的国家义务，还没有建立起完整的住房权法律保护体系，普通大众更是缺失住房权意识。由住房权引发的一系列问题，已经严重影响到社会和谐与稳定，然而，"冰冻三尺非一日之寒"，中国的住房权问题有着诸多深层次的矛盾。

（二）保障住房权的高位阶法律缺失

在国家与公民的关系中，国家永远处于事实上的优越地位，国家义务不作为将直接导致公民住房权的缺失，而国家义务的不当行使又会直接侵害到公民住房权，在没有较高位阶法律约束的情况下，个人不可能与履行国家义务的机构抗衡，国家义务也将因此流于形式。不能获得可负担得起的、适于人居住的和安全的住房即意味着牺牲一系列其他人权，其结果使得享有人权变得毫无意义。住房在许多方面更多的是一个过程而不是一个纯粹的组合结构，决策者和立法者承认这些权利是有效实现这些权利的第一步。[①] 住房权是《经济、社会、文

---

① 张小罗、周刚志：《论公民住房权：权利内涵及其实现之道》，载《法学杂志》2009年第1期。

化权利国际公约》规定的一项重要权利，我国于 1997 年 10 月 27 日签署了该公约，并于 2001 年 2 月 28 日获得了批准，《公约》第 2 条第 1 款规定：缔约国应“最大限度地利用现有可得资源”采取立法和其他步骤，“逐渐”实现公约所承认的各种权利，这里自然包括住房权。

住房权的国家抽象给付义务要求国家履行对住房权的制度性保障义务、组织与程序保障义务，我国虽是缔约国，但还缺乏关于住房权以及住房方面的有关法律，还没有建立起一套完整的住房保障法律体系。一方面，考察我国目前的保障住房权的法律法规可以发现，各地区执行的依据大多是国务院、建设部以及省级人民政府颁布的行政法规或政府规章，立法层次较低，低层次的立法造成的后果就是不能对相关部门和地方政府构成强力约束，从而导致政策的预期目标和实施效果错位，这对于住房权在全国或各地区形成统一标准和管理制度相当不利，距离实现“居者有其屋”的惠民目标还相差甚远。另一方面，我国目前的住房保障制度还缺乏生效法律、法规的确认。例如，我国的廉租房制度仅有《城镇廉租住房管理办法》（已失效）、《关于进一步深化城镇住房制度改革加快住房建设的通知》、《2009—2011 年廉租住房保障规划》等几个政府文件，并没有上升到法律、法规的层面，其执行情况也不容乐观。由于我国住房制度改革的不成熟以及住房权保障制度的不完善，城镇住房价格迅猛增长以至于中低收入阶层无力实现住房权，而对于广大没有住房的居民来说，一直没有一部基本法律来保障他们的住房权。

其实，国内制定《住宅法》的呼声很高，但这部关系民生的法律却迟迟没有出台。早在 1983 年《住宅法》就被正式纳入全国人大法制委员会的立法部署中，当时鉴于住房改革仍处在试点阶段，住房立法就被暂时搁置下来。到了 1988 年，我国的住房改革有了较大进展，一些认识逐渐趋向一致，在此基础上，建设部对《住宅法》草案进行了较大程度的修改和补充，形成了新的《住宅法》草案。但由于住房问题涉及面大，直接关系到人民群众的切身利益，且住房制度改革还在不断地深入，新的情况还在不断地出现，基于种种考虑，目前为止《住宅法》仍迟迟没有出台。[①] 一段时间以来，国家的住房政策变化较大，甚至出现相互矛盾与冲突的现象，住房权遭受侵犯无相应法律可供救济，诸多情况的存在使得公民的住房权难以实现，高位阶法律的出台已迫在眉睫。

同时，不少决策制定者对于住房权这一概念的理解还存在较大误区，他们简单地将住房权等同于住房救济，将住房权的内涵和外延大大窄化。这种对住房权概念的错误理解往往基于一个预设，即大多数居民都能够通过住房市场获得住房，政府只需关注那些被排除在市场之外的社会群体。在地方各级政府的各种会议文件和工作报告中不难发现，涉及保护住房权的部分时，决策者大多承诺并强调要加强保障性住房的建设力度，将保证公民住房权政策的重心置于解决低收入家庭的住房问题上。在这种观念影响下制定的政策极易忽视那些既买不到经济适用房、又够不着廉租房标准的低收入家庭和中低收入家庭，以及既买不起商品房、又够不着经济适用房标准的中等收入家庭的权利。他们在现行住房政策体系中处境尴尬，成为不折不扣的住房“夹心层”[②]。如今，由于经济适用房只向低收入家庭供应，那么未来必将出现新的“夹心层”，即既不能享受廉租房和经济适用房、又买不起商品房的中等偏下收入家庭，而这部分家庭在社会中占有很大的比重。

---

① 金俭：《中国住宅法研究》，法律出版社2004年版，第48页。

② 朱亚鹏：《看待公民住房权，有误区》，载《镇江日报》2010年5月18日，第6版。

（三）住房权社会保障制度存在诸多弊端

国家对住房权的给付义务包括国家有义务制定恰当的住房社会保障制度，以逐步有效地实现住房权。截至目前，我国有关住房权的社会保障制度主要有 4 种：其一，经济适用房制度；其二，廉租房制度；其三，双限房制度；其四，公共租赁房制度。“公共租赁房制度”是2010 年6 月首次出现的，其标志性文件是2010 年6 月 8 日颁布的《关于加快发展公共租赁住房的指导意见》。这几种住房保障制度虽然基本上脱离了商品房市场的影响，但是也存在诸多问题，其突出表现为：在实体制度方面，能够得到社会保障的居民范围比较狭窄。受我国现行“城乡分治”体制的制约，人口众多的农民没有被纳入住房权社会保障之中。而且，此种保障的基本单位是城镇居民家庭，个体居民的住房权没有得以体现，这在数量上影响了我国居民住房权的实现；在程序制度方面，如何确保住房社会保障制度的公开、公正和公平，还缺乏足够依据。除此之外，管理机构、建设资金、价格标准、住宅标准等问题也急需制度化。①

从住房自有率看，美国 68%，英国 67%，德国 42%，欧洲其他国家为 30% ~50%，而中国 81.62%，这不是说发达国家的人不想买房子，而是他们拥有成熟健全的住房保障体系，对一般收入人群来说，租房可能比买房更划算，更适合就业流动的常态，况且不愁找不到舒心可租的房子，庞大而廉价的公共住房供应和相对平稳的房价让人们在解决住房问题（租房或购房）上从容不迫。反观我国，仅几年时间，城市居民住房自有率就达到世界第一，这说明目前我国的住房市场供应结构极不合理，按照我国的经济实力和人口众多的现状，高住房自有率必将给购房者带来沉重负担，同时也说明我们不是缺少可

① 孙宪忠、常鹏翱：《论住宅权的制度保障》，载《南京大学法律评论》2001 年秋季卷。

购买的住房，而是缺少保障性住房。

尽管各地政府一再表态将加大保障性住房，但目前我国法律对保障性住房并没有硬性约束。国务院曾在《关于解决城市低收入家庭住房困难的若干意见》中对建设廉租房的资金来源作了4个方面的保证，其中2个分别是住房公积金增值收益在提取贷款风险准备金和管理费用之后全部用于廉租住房建设、土地出让净收益用于廉租住房保障资金的比例不得低于10%。但与卖地的狂热相反，地方政府对保障性住房的投入却不多。2010年深圳市土地出让计划收入239.04亿元，其中将安排6.94亿元用于保障性住房建设，不到土地出让金总额的3%，这足以说明地方政府在加强保障性住房建设上的消极态度。[①] 来自全国工商联房地产商会的数据表明，2009年国家下发的保障性住房建设计划中，全国共需投入1676亿元，结果截至2009年8月底，保障性住房建设完成投资394.9亿元，完成率仅为23.6%，[②] 并且在执行过程中还存在政策公平性缺失、政策目标对象偏离和居住条件差异性加大的问题。

1. 现行经济适用房制度的缺陷

经济适用住房是指政府提供政策优惠，限定房屋面积和销售价格，按照合理标准建设，面向城市低收入住房困难家庭供应的具有保障性质的政策性住房。经济适用房与普通商品房不同，它在建造和销售过程中得到了政府各种形式的资助优惠和税收减免，从而具有社会保障性质。经济适用房始于1994年住房制度改革，在1998年被23号文确立为住房供应体系的主体，而在2003年18号文中则被定义为“具有保障性质的政策性商品房”，这种兼具公共性和商品性的“双

---

① 孙瑞灼：《保障房立法可引入“可抗辩住房权”》，载《经济参考报》2010年11月16日，第8版。

② 辛红：《保障性住房至少应占50%》，载《法制日报》2010年3月5日，第6版。

栖”定位，为后来的变异即从初有的公共性逐步被商品性取代埋下了伏笔。在所谓的“城市经营”理念下、在经济的房地产化和房地产的市场化双重挤压下，地方政府已成为市场博弈的重要主体，其选择不言自明。况且，市场经济模式具有极强的自我复制功能，而一个不充分竞争的市场与贫富差距过大的社会，又不会自动形成均衡价格与健康的梯度消费。于是，经济适用房的最大“适用”之处，就在于可以以“经济”之名行“不经济”之实。所幸，2007 年 8 月出台的国务院第 24 号文实现了经济适用房作为政策性住房的回归。①

因为经济适用房的利与弊在当今依然明显，所以经济适用房的存废之争在我国持续不断，著名经济学家茅于轼先生是诟病经济适用房制度的代表人物，其曾言：“我觉得我们国家有限的资金应该首先照顾最困难的人，而不是照顾那些有钱买房的人，他的钱不是太多，但是购置上房了，而我们广大的劳动者还买不上房，还有很多住房问题没有解决。帮助最困难的人，而不是说帮助次困难的人，这一点大家都应该是同意的，所以应该发展廉租房而不是经济适用房……”② 另一种观点认为经济适用房制度不应取消，而应在实践中不断完善，使我国的经济适用房制度更趋合理，并对茅于轼先生的观点提出了尖锐批判：“稍微有点常识的人都明白，茅于轼炮轰经济适用房的观点是何等荒谬。茅于轼认为，经济适用房给人带来了贪污腐化的机会，就停掉经济适用房，那么，哪个行业没有给一些人带来贪污腐化的机会？是否都一律关掉，回到原始社会状态？……夹心层问题，既无法通过商品房来解决（夹心层的购买力决定着他们根本买不起商品房），

① 熊惠平：《论穷人的居住权：基于人权的基本视角》，载《武汉科技大学学报》2008 年第 2 期。

② 韩笑：《茅于轼：中国应取消经济适用房 大力发展廉租房》，载新浪网，http://finance.sina.com.cn/economist/jingjixueren/20080107/17184375135.shtml，最后访问日期：2018 年 6 月 5 日。

也无法通过廉租房（针对低收入者，而且，政府提供的廉租房数量非常有限）来解决，只有通过经济适用房来解决。事实上，1998 年房改的时候，我国就是这样设计住房解决方案的"[①]。关于经济适用房存废问题的争论远不止这些，而问题的争论到目前也无定论。

毋庸讳言，我国经济适用房制度在实施过程中，的确存在诸多问题。

首先，从经济适用房的适用对象来看，保障主体没有明确界定，销售范围过大，保障对象出现偏差，致使财政补贴效益流失，它难以囊括目前所有住房匮乏的群体。经济适用房的受益对象究竟是指高收入以外的其他阶层还是中等偏低收入阶层，目前政府仍没有明确界定，使得拥有价格优势的经济适用房面对着大约 90% 的购买者。从早期的面向中低收入者家庭，到后来变异为低收入甚至最低收入者的"专利"，再到 24 号文以供应低收入人群而衔接廉租房的定位，再到温总理在新加坡发出的"经济适用房要面向中产阶级"的重要信号……这些模糊的措辞使得经济适用房购买者的数量大大增加，从而出现中高收入阶层将低收入阶层挤出经济适用房市场的现象。另外，从经济适用房适用对象的认定上看，由于财产评估、收入水平认定等环节存在诸多漏洞，经济适用房的有效性受到外在制度条件的诸多限制，导致事倍功半，进一步降低了该政策实现目标的可能性。

其次，经济适用房由政府划拨建设用地，由于透明度低，部分开发商为牟取自身利益拉拢、腐蚀政府决策者，致使寻租活动出现，个别政府官员贪污腐败，运用手中权力，与开发商分享经济利益，加剧了寻租活动的经常性和普遍性。同时，经济适用房购买程序不够规范，为徇私舞弊留下了可钻之洞，震惊全国的湖北"六连号"事件就

---

① 时寒冰：《茅于轼取消经济适用房背后的阴谋》，载搜狐网，http：//business. sohu. com/20090407/n263237851. shtml，最后访问日期：2018 年 6 月 6 日。

是典型例证。

最后，在实际操作过程中，经济适用房保障标准发生变异，价格过高，面积过大，户型设计不合理，对于大多数低收入家庭来说仍难以承受。而且，很多城市的经济适用房开发、建设都是成片进行的，这种集中居住的模式必然会带来整片小区环境建设落后、住房质量不符合规格及社区歧视等一系列问题，很难较好地保障和实现公民其他方面的住房权利，容易导致社会阶层在空间上的分化与隔离，不利于社会和谐。

2. 现行廉租房制度的不足

廉租房是政府面向具有非农业常住户口的最低收入家庭和其他需保障的特殊家庭，以租金补贴或低廉租金配租的形式提供的具有社会保障性质的住房。目前，中国城镇居民住房困难户仍有 350 万户左右，廉租房建设覆盖面不到 10%，有 145 个城市未建立廉租房制度，地区发展不平衡成为廉租房制度的主要问题。19 个地级市存在廉租房制度不能全面覆盖所有符合标准人群的问题，只能达到 60% ~70% 的水平。廉租房的发展现状与国家到 2010 年年底实现廉租房制度保障范围扩大到全国城市低收入住房困难家庭的要求有较大差距。我国虽有专门针对最低收入阶层的廉租房制度，然而，从整体发展趋势来看，其与居民的期望和政府的长远目标存在较大差距，目前的廉租房制度存在诸多不足，主要表现为：

首先，保障对象覆盖面狭窄，保障标准单一，收入标准划分困难。廉租房的适用对象局限于具有非农业常住户口的最低收入家庭和其他需保障的特殊家庭，按照这样的规定，符合条件的家庭所占城市人口比例很小，造成了适用对象范围过窄的局面，其实还有一部分家庭收入和住房标准超过廉租房保障范围却又无力购买经济适用房的中间阶层无法享受这一政策，致使这些人群游离于住房保障体系政策之外，其住房权难以实现。同时，地区发展不平衡已成为廉租房制度的主要问题，相当数量的城市廉租房建设进展缓慢。因此，狭窄的保障范围、某些地方政府职能缺位，都使得很多群体在参与分配之前就受到制度上的缺陷所带来的机会不公平。

其次，资金来源不足，渠道单一，缺乏稳定的廉租房源和资金来源通道。廉租房制度在具体实施过程中，房源主要来自房管部门的自有房屋或市场收购的房屋，并且购房资金都来源于房管局上交的统筹财力、事业费收入、历年房产重置基金等。而单凭政府房管部门很难长期支撑以市场价格收购廉租房和租金补贴的资金支出，与众多需要政府提供廉租房的家庭迫切需求相比，资金筹集成为廉租房制度发展的一个瓶颈。在廉租房保障金得不到保障的情况下，另一个现象也让人忧虑：2010 年 11 月 17 日，审计署公布了全国 19 个省市 2007 年至 2009 年政府投资保障房审计调查结果，审计发现全国有 6 个城市和 4 个县共计 21360 余万元的廉租房保障资金被套取、挪用，北京等 22 个城市未按规定从土地出让净收益中按时足额提取廉租住房保障资金，两年共计少提取 146.23 亿元。作为一项事关民生、缓解高房价时代社会矛盾的重大工程，政策呼声高涨的背后，却是乱象遍布。①

最后，配套制度不完善，缺乏有力的准入、退出机制。科学合理地确定最低收入标准和有效的收入审核管理办法，是对最低收入家庭采取住房保障的前提。从全国范围来看，我国尚缺乏有效的统计与审核机制，无法对保障对象的收入进行准确核定，致使一些非最低收入家庭搭上政策便车，而那些真正需要保障的家庭却被排除在外。同时，许多城市还普遍缺乏对廉租户资格的动态把握及退出机制，实施过程中存在不少漏洞，缺乏事后监督，致使一些廉租户有机可乘，仍有一部分家庭不住廉租房或把廉租房租给他人，这种情况既加重了政

① 唐彬：《谁来保障低收入群体住房权?》，载《东莞日报》2010 年 11 月 19 日，第 2 版。

府财政负担，也形成一种令人忧心的社会现象，即许多本该享受到廉租房待遇的人无房可住，而那些不符合或不再符合保障条件的人却“霸占”了社会资源，造成资源分配上的不公。由于人们的收入变化难以监测，让那些不再符合政策条件的人退出廉租房变得难上加难，银行不得任意查询个人账户，社会收入又具有隐形化特点，即使查明真相，让其从廉租房搬出来也不容易，往哪里搬本身也是一个问题，不能为了解决一个问题又制造出另一个问题。显然，廉租房退出机制不完善，已成为廉租房制度向前推进的障碍，也是实现社会公平的阻碍。

由于政府的公共导向和公平导向缺失，我国住房保障严重不足，所采取的经济适用房、廉租房等公共住房保障制度无异于杯水车薪，在当前住房制度中并不占重要地位，无法从根本上解决数目众多的低收入家庭住房问题，“85%家庭没有能力购买住房”就是有力的证明。

第八章 在国家义务的语境下认真对待住房权

第一节 通过修改宪法保障住房权

国家对住房权的给付义务要求国家对那些自身能力不足以取得住房以达到“最低限度生存”的人主动提供住房保障的义务。为此，国家应当主要履行两方面的义务：一方面，国家具有具体给付义务，国家有义务增加住房公共支出并恰当确定支出对象，对那些依靠自身条件无法获取住房的弱势群体提供救助性住房，确立住房权最低基准，此项住房权具体给付义务应当具有可诉性，公民在住房权没有得到满足时，可以依法提起行政诉讼；另一方面，国家具有抽象给付义务，国家有义务积极制定有关保障住房权的法律，包括确立住房权的宪法地位，制定专门的住房保障法，制定住房财政预算、住房补贴、监督和控制住房成本、提供住房基础设施服务，制定国家住房权战略等。“当法律的权利价值目标确定之后，在对国家权力及其义务的立法中，立法者就应将侧重点放在国家义务规范以及违反这些义务规范所要招致的不利后果的精心设定上，从而使法律更具有可操作性和实效性。”[①] 当然，住房权抽象给付义务具有计划性和纲领性特征，更多地暗示了一种实现上的长期性，因而不具有可诉性。

确立住房权的宪法地位、使住房权入宪，属于国家的抽象给付义务，根据我国宪法第 64 条第 1 款的规定：“宪法的修改，由全国人民代表大会常务委员会或者五分之一以上的全国人民代表大会代表提议，并由全国人民代表大会以全体代表的三分之二以上的多数通过。”在我国，宪法修正案的提起、通过等，并不具有可诉性，笔者希冀通过对住房权宪法保障的可行性、入宪方式及具体内容构建等论证，为国家对住房权的抽象给付义务履行做出些微理论建言。

一、住房权宪法保障的可行性路径论证

住房权保障是否必须提升到宪法层面？笔者认为答案是肯定。从住房对人的生存与尊严的重要性及其所具有的人格财产和生存财产的特性来看，宪法应该是住房权保障最高、最基本也最不可或缺的法律形式。“在人权的保障体系中，宪法保障是首要的、也是最富有成效的。因为宪法是一个国家的根本大法，具有最高权威和最高的法律效力。没有宪法保障，任何人权保障将成为无源之水、无本之木。”[②] 联合国住房特别报告员也强调：“一切对本国宪法进行修订或拟定新宪法的国家，应充分注意把住房权条款列入条文，以期澄清、改进并加强适足住房这项人权。”[③] 住房权只有在宪法层面予以确认才能更好地展开其他层面保障制度的构建。

---

① 龚向和：《国家义务是公民权利的根本保障——国家与公民关系新视角》，载《法律科学》2010 年第 4 期。

② 李步云：《法理探索》，湖南人民出版社 2003 年版，第 207 页。

③ 转引自徐显明主编：《人权研究》（第七卷），山东人民出版社 2008 年版，第 141 页。

虽然学界极力从各种角度搜寻住房权在我国宪法中的依据，却也无法掩盖宪法对住房权保障不到位的事实。部分学者主张从人权条款或其他社会权条款推导出公民住房权，但是，无论是人权还是社会权，本身都是一项概括性权利，更多的是对权利的一种纲领性宣示，如果只要强调“国家尊重和保障人权”就可以代替所有权利的话，那么具体权利就失去了其本身的具体性与特殊性。不可否认，我国现行宪法并没有完整地规定公民的住房权，其第39条规定：“中华人民共和国公民的住宅不受侵犯。禁止非法搜查或者非法侵入公民的住宅。”从规范内容上看，这一条款只是对住房权的不完全规定，仅规定了住房权尊重义务层面的内容，并没有规定住房权“应受国家保障”的积极内容，而后者是“住房权保护内容的核心和重点”①。以现有的国际人权公约、住房权专门公约为基点审视我国的宪法，似乎找不到相关问题认识的对接点，而今住房权早已超越宪法第39条所涵盖的文本范围，其更多的是要求国家积极作为，采取一定措施来保障公民的基本住房需求。

我国目前房价与居民收入严重脱钩，中低收入群体住房困难问题严重，保障性住房建设急待加强，于是有些学者开始呼吁关注公民的住房问题，并试图从第39条上寻找宪法支持，认为该条也蕴含着国家保障公民享有住房权的宪法义务，即主张宪法第39条也包含了住房权的规定。② 但是笔者认为，不能将宪法第39条扩大解释为包括积极属性在内的住房权，而且第39条所用的文字是公民的住宅“不受侵犯”“禁止非法搜查或者非法侵入公民的住宅”，从文本意义上来讲，只有公民有住房了，才存在被“侵犯”的可能，其只规定了住房

① 王蕾：《住房权实现中国家平等对待义务的客观性》，载《求是学刊》2010年第2期。

② 蒋成菘、楚道文：《论住宅权利社会保障立法的若干问题》，载《政治与法律》2008年第2期。

权尊重义务层面的内容，至于给付义务层面的住房权则根本没有涉及。因此，“由于历史的局限性，1982 年宪法在制定时侧重关注的是公民的住宅遭受国家权力侵犯的潜在威胁，并没有考虑到公民居无定所的情况，即宪法第 39 条的规定只体现了住宅权的消极属性价值，并没有蕴含住宅权的积极属性。”① 更具体地说，住房权在我国宪法规范上只是一种“超越宪法计划外的法续造”②，相对应的“超越宪法文本的未列举权”不仅超越了宪法文本的涵盖范围，而且意味着制宪者在制定宪法时尚未形成相关的规定计划或内在目的，即我国宪法对住房权保护缺乏规定意向，其实质是从宪法政策的角度做出的“不圆满性”评价。③ 因此，从住房权形成的历史机制来看，我国宪法对住房权的保障依然停留在早期宪法理论的阶段，在这一本源意义上权利宣言的缺失导致的结果是不言而喻的。④

目前，把公民住房权规定为宪法的一项基本权利也是国际社会的一种趋势，越来越多的国家通过修改宪法在宪法中明确对住房权予以确认，然后对住房权进行直接或者间接的司法保护，实现住房权一定程度的可诉性。宪法的确认不仅能为公民获得相应的住房权保障提供根本法依据，更重要的是国家对公民住房权所承担的义务由道义义务上升为法律义务。据统计，截至 2005 年年底，有 76 个国家在其宪法中表达了住房权的内容；有 28 个国家制定了保证住房土地使用权安全的相关法律或法案；有 8 个国家制定了专门的反对强制驱离的法律或法案；有 13 个国家制定了反对住房歧视方面的法律或法案；有 33 个

① 孙凌：《论住宅权在我国宪法规范上的证立》，载《法制与社会发展》2009 年第 5 期。

② ［德］卡尔·拉伦茨：《法学方法论》，陈爱娥译，台湾五南图书出版公司 1996 年版，第 321 页。

③ 孙凌：《论住宅权在我国宪法规范上的证立》，载《法制与社会发展》2009 年第 5 期。

④ 张清、吴作君：《住房权保障如何可能研究纲要》，载《北方法学》2010 年第 4 期。

国家制定了有关贫困群体取得可负担得起的住房的法律或法案……[①] 其中南非共和国1996年通过的《宪法》堪称将住房权融入宪法的典范，其第26条承认人们拥有适当住房的权利，规定："每个人都有权获得足够的住房。国家必须在其可利用资源的范围内采取合理的立法和其他措施，以逐步推进这项权利的实现。在法院没有综合所有相关的情况作出判令之前，任何人都不得毁坏他人的住宅，任何法律都不得允许任意将人们从其住宅中驱逐。"而根据此条规定作出的格鲁特布姆案的判决更是举世瞩目。

考察我国住房权现状，不断飙升的房价已使许多民众难以实现基本住房需要，难以维持有尊严的生活，相应地，人们的健康、教育、安全、就业也受到了影响。究其原因，在于国家并没有将住房权上升到基本人权的高度来认识，大多关于房地产的调控政策或措施都不过是以防止经济过热为目的，而不是以保障人权为宗旨。[②] 贫困大多不是因为收入贫困或能力贫困，更多的是因为权利而贫困，住房权观念在我国还没有被完全接纳，还没有上升到公民的基本权利层面，同时，我国对住房权的保障仍然停留在政府法规或政策层面，远远不能达到保障住房权的目的，显然不符合保障公民基本权利的基本原则和精神。不难看出，如果不将公民住房权纳入宪法的保护范围，住房权将无法得到切实保障，政府公权力将无法得到根本限制，滥用权力侵犯公民住房权就可能成为常态，没有行之有效的法律作为保证，即使下发紧急通知，也难以遏制侵权事件屡屡发生的势头，这只是一种治标不治本的权宜之计。如今，由于社会政治、经济、伦理、道德等因素的变迁，人们对可承受性的住房需求逐步转化为对权利的新诉求，这为住房权入宪提供了坚实的现实基础。因此，现实的缺憾必然催生

① United Nation Housing Rights Programme, Report No. 3, 2nd Edition, 2005.
② 江国华：《宪法的形而下之学》，武汉大学出版社2007年版，第124页。

理论的构建，住房权不得不被再次放进宪法的视野进行关注，从根本上对我国公民住房权进行宪法保障是紧迫的也是必要的。

二、住房权入宪的方式选择及内容构建

如果要让住房权入宪，究竟是通过宪法解释还是通过修改宪法入宪呢？这就面临住房权入宪方式的选择问题，有些学者认为，“中国住房权的宪法地位问题不必非得修宪。在国人接受相关理论观念的前提下，通过对已有宪法条款的体系性解释，我国公民住房权的宪法基本权利性质完全可以在规范上成立”。[①]“具有双重面向的住房权作为一项我国宪法未列举的基本权利，对其的承认与保护，不一定通过修宪完成，通过适当的宪法解释方法也可以加以实现。”[②] 但笔者认为，宪法解释方式并不能应对保障住房权的急迫需要，虽然我国宪法第67条第1项明确规定“解释宪法”的权限属于全国人大常委会，但是这项权限的行使在现实中基本处于被搁置的状态。

鉴于住房权重要的基本民生地位以及中国已经批准加入诸多有关住房权国际公约的事实，我国应进一步通过修宪的方式来确立住房权的宪法地位，以便在不同法律层级落实具体的保障措施。在2004年宪法修正案中，为进一步明确国家对全体公民的合法的私有财产都给予保护，保护范围既包括生活资料又包括生产资料，将第13条“国家保护公民的合法的收入、储蓄、房屋和其他合法财产的所有权”修改为“公民的合法的私有财产不受侵犯”，并规定“国家为了公共利益的需要，可以依照法律规定对公民的私有财产实行征收或者征用并

---

① 王蕾：《住房权实现中国家平等对待义务的客观性》，载《求是学刊》2010年第2期。

② 孙凌：《论住宅权在我国宪法规范上的证立》，载《法制与社会发展》2009年第5期。

给予补偿”。这固然是正确的，但原文蕴含的住房远比一般财产重要，应享受高于一般财产的法律保护的含义。①

因此，参照国际公约以及各国宪法对住房权的规定以及前文对住房权基本理论的分析，笔者认为，在未来的宪法修改中，应当对住房权进行特别保护，我们可以采用一些与《经济、社会、文化权利国际公约》相类似的语言和技巧，同时借鉴南非1996年宪法第26条对住房权规定的范例，在公民住房权入宪之时考虑以下几个要点：

（1）修改现行宪法第39条的规定，“这种带有明显缺陷的宣示性语言不仅与我国签署的《经济、社会、文化权利国际公约》相去甚远，也在导向上渐渐偏离了各国住房权保障的趋势”②，不能仅仅将住房权狭隘地认定为住宅自由权，而应该从自由权和社会权双重角度进行保障。

（2）必须体现“国家在其可利用资源的范围内采取合理的立法和其他措施逐步达到住房权的实现”的意思，由层次性、渐进性最终完成覆盖性。因为积极义务层次的住房权受到可利用资源的限制，即我国的资源现状决定了无法在短时间内实现全民的并且具有个体差异性的住房权，所以住房权的实现注定是一个需要分层次的、渐进的民生发展目标——这是一个务实的态度。③ 只有在充分估量国家各方面的现实情况之后，建立与经济发展水平相适应的住房保障制度，才能防止因过度追求形式平等而忽略实质平等的保障，将住房权的实现落到实处。

（3）设立国家义务条款，明确政府保障住房权的义务，必须同时涵盖住房权的尊重、保护和给付三个层次的义务，不可偏废。

虽然宪法对住房权的规定并不能必然导致住房权保障制度的完

---

① 张群：《住房权入宪的法史反思——以国民党政府时期为中心》，载《法治研究》2010年第10期。

② 张清、吴作君：《住房权保障如何可能研究纲要》，载《北方法学》2010年第4期。

③ 张清、吴作君：《住房权保障如何可能研究纲要》，载《北方法学》2010年第4期。

善，但是住房权的宪法文本规定是确立住房保障制度的前提，不论宪法是将住房权作为公民的基本权利还是作为国家的基本政策，都能够成为政府保障住房权并建立住房福利政策的宪法依据，政府有履行宪法职责的义务。

第二节 实现住房权之国家义务的规范路径：《住房保障法》

住房权是联合国规定的重要公民权利，我国于 1997 年签署并于 2001 年加入《经济、社会、文化权利国际公约》，承诺为实现公民住房权而努力。但迄今为止，有关住房权保障的法律并未出台，2008 年被全国人大列为立法规划的《住房保障法》未能颁行，住房权也并未在宪法中作为基本权利加以确定，更没有系统的法律法规体系。近年来由于房价不断攀升，学界对住房权问题给予了很大关注，但是住房权保障不仅仅等同于住房保障，要实现住房权，必须明确保障住房权的多层次国家最低核心义务，建立一个以《住房保障法》为中心的，多层次、全方位的法律保障体系。

在我国，因立法机关对基本权利立法具有完全的自由裁量权，立法具体化方面存在严重不足，缺乏应有监督和制约，没有“立法不作为诉讼”制度，使得基本权利多停留在抽象条文和纸面上，权利受侵害现象时有发生。“在宪法至上观念日益深入人心的今天，对公民自由的最大威胁，已不再是立法者的正向侵犯，而是立法者的消极不作为”①，立法者因受诸多因素影响（如价值的多元、利益的分散使多

① 刘志刚：《立法不作为的制度救济——论宪法诉讼的权利救济功能》，载《法学评论》2003 年第 2 期。

数意见无法形成）而出现的立法不作为，在我国不具有可诉性。因此，住房权立法可能更多地依赖于国家的政治意愿与具体国情。当前，我国在保障住房权过程中，一直都是国务院及其部委在努力，见不到立法机关的身影。有关保障性住房制度的各种规范性文件已达50余部，效力和层次比较混乱，亟待制定全国统一的法律。[①]《住房保障法》作为一部保障住房权的法律，应通过法律形式对住房权的范围、内容、数额、提供方式等加以明确规定，是住房法律体系的基本法，主要对住房法律的原则性问题加以规定，起到住房基本法的作用。[②]

一、一个真实的命题：《住房保障法》陷入困境

住房权能否真正得到国家保障，很大程度上取决于其能否得到国家政治上的认可和法律上的规定，否则住房权只能处于应有权利阶段而无法得到切实实现。从客观上来看，实现住房权，仅依靠公民自身的努力远远不够，因为政府掌握着土地的配置权，土地流转的一级市场并没有开放，还需要政府把对住房权的义务上升为法律义务，即确定住房权的法律地位、主体、客体、内容、行使和救济来明确国家义务，只有将两者紧密结合，才能有效实现住房权，使该权利具备真实性。有专家曾多次表示："更应关注的是《住宅法》的立法，如果仍然只是用文件而不是用法律约束和建立住房社会保障制度，那么中国将长期陷入房地产业不断地用短期的调控政策调来调去的

① 参见周礼文：《保障性住房制度的宪政原理》，载《政治与法律》2011年第5期，第77页。

② 郑莹、吴丽萍：《从缺位到归位：住房保障政府责任之省思》，载《河南社会科学》2013年第11期，第20页。

泥潭之中。”①

《住房保障法》或将成为我国一部重要的关切民生的法律，起草《住房保障法》，对立法者和学者而言都是第一次。长达几十年的城镇福利分房制度完全依托的是政府及相关部门的政策，而且，在福利分房政策实施过程中未曾立法。同时，法学界尤其是社会法学领域的学者也未曾研究住房立法的相关问题，甚至关于住房立法是否属于社会立法范畴也不一定清楚。由于该领域的学术研究和制度构建都处于起步阶段，而中国国情复杂又是尽人皆知的事实，从制度本身是进行打造就存在难度，立法技术上也存在相应难点。“我国法制建设属于后进国家，严格地讲，改革开放初才启动中国法制化进程，短短30年形成现今法律体系的骨架已经不易。该法律体系中，传统法律，尤其是民法、刑法、诉讼法等基本法律的制度构建相对而言要完善一些，其立法技术相对成熟，法律人才和法学人才的储备已经具备相当规模。而《住房保障法》的起草，挑战可谓大也，多数一线起草工作人员都是在摸索中前行，遇到的疑难问题很多。”②

（一）“大保障”抑或是“小保障”的纠结

此问题即究竟是针对全民进行住房保障，还是针对住房困难家庭进行住房保障的问题。“大保障”观点认为，全体公民的基本权利是一致的，宪法上所规定的公民获得社会帮助的权利并没有区分什么人群，且当今大多数国家有关住房保障的法律制度皆为针对全体国民的保障，一般以国民住宅法的形式出现，不论穷富，皆可以获得相应保障，因此，“要保障全体城乡居民的住房权，不能只保障城镇户籍低

① 王松才：《毕业生30岁前买房成梦，住房保障制度存“夹心层”》，载《中国经济时报》2007年10月25日。

② 郑尚元：《居住权保障与住房保障立法之展开——兼谈〈住房保障法〉起草过程中的诸多疑难问题》，载《法治研究》2010年第4期。

收入家庭的住房”[①]。“小保障”观点认为，我国国力有限，仍属于发展中国家，加上地区发展不平衡，二元社会结构造成了城乡分割，很难实现针对全民的住房保障。

相对而言，“大保障”对住房权保障的标准和要求较高，如果站在理想高度上看，全民保障更符合法理，但是，“大保障”制度的实施在我国存在诸多限制：首先，我国社会受困于二元社会分割，现行农民的各项保障制度的实施与城镇相关制度的实施皆为分轨而行，农民的宅基地政策或相关习惯已适用了几十年，这是中国特色的农民住房保障制度，加上现行新农村建设政策，如将农民纳入其中显然有难度。“中国二元社会结构的改变既不是法律本身的问题，也不是政治制度的问题，而是我国社会经济基础的自身特点决定的。任何人不可能在城乡差距的废除或城乡一体化问题上毕其功于一役，任何制度在短期内也不可能动摇二元社会结构的经济基础。所有涉及国民权利塑造的法律制度，不论是宪法，还是其他法律，都针对城乡差别而设定了不同的制度。社会保险法等社会立法都毫无例外地区别了城乡。我国农村居民的住房问题，以家庭为单位，以富有想象力的宅基地审批、使用制度，通过农民自建或互助合建的形式解决农村居民住房问题，长久以来形成了相应的制度惯性和被社会认知的制度存在。如果在过去旧有制度颇有成效的情形下，《住房保障法》另有新规，可能并不会带来好的结果。”[②] 再者，我国国力难以承受全民保障的压力，如果能将住房困难家庭或中低收入家庭的住房问题解决好、实现这部分家庭的住房保障，《住房保障法》的制定就功莫大焉。上述问题的争论持续不断，观点难以统一。

---

① 张佳：《“保障公民基本住房权”入宪——住房权和医疗权、教育权一样，都是公民的基本权利》，载《团结报》2010 年 3 月 9 日，第 4 版。

② 郑尚元：《居住权保障与住房保障立法之展开——兼谈〈住房保障法〉起草过程中的诸多疑难问题》，载《法治研究》2010 年第 4 期。

（二）“补人头”抑或“补砖头”的囹圄

该问题其实就是住房保障究竟应为住房实物保障还是货币补贴保障，现实中我国这两种方式都同时存在，以南通、日照为代表实践的是“补人头”方式，以北京为代表实践的是“补砖头”方式。

“补人头”方式是当今国际上的主流方式，但在我国由于收入、住房档案不健全，“补人头”方式可能出现伪造收入和住房情况证明、骗取政府财政补贴的情况，这就需要政府建立完整的个人信用体系，准确掌握居民收入状况；在住房档案全面建立的基础上，准确掌握所有居民的住房状况。但目前这两个条件都不具备，政府财政难以承受对不易准确核定的中低收入群体直接发放货币住房补贴。[①] 而且“补人头”政策需要政府财政支出“真金白银”，在大部分地区财政都比较紧张的情况下，又没有相应政策对补助资金的来源予以支持，操作起来难度较大。尤其是在房价水平较高的大城市，由于总房价较高，补贴部分只能是杯水车薪，不能缓解支付能力严重不足的问题。当然，“补人头”方式比较适合人口规模较小、住房档案健全、个人收入标准可以掌握的中小城市，其针对特定人群发放的住房补贴能达到事半功倍的效果。

反观“补砖头”即住房实物保障政策，内容包括让渡土地出让金给中低收入家庭，大力构筑廉租房。如此一来，政府将承担巨大的社会责任：大量经济适用房的建造势必会减少土地收益，在当前各地政府的土地财政阴影下，该举措意味着政府财政收入由此而减少；廉租房存量的增加无疑增大了政府管理运作的成本。可以看出，实物保障模式存在着相当程度的隐忧，同时，有些地方政府推动住房保障制度实施的力度受限于其财力，即政府财政无法负担实物保障的压力，不

① 文林峰：《城镇住房保障》，中国发展出版社 2007 年版，第 84 页。

得不由实物保障转为货币保障，即采取发放货币补贴的方式，补助住房困难家庭通过租赁市场获得相应的居住权利。[①] 到底采取哪种保障方式更合适，需要有预见性地进行长远考虑，在不同时期分具体情况采取不同住房补贴方式。

《住房保障法》所面临的问题绝非上述几个方面，在现有住房政策格局下，国家有义务考量保障性住房与商品房的关系、考量此立法与其他社会立法之间的关系、考量部门之间的协调等问题。单就立法本身而言，立法工作是一项浩大的社会工程，一部法律的出台非常不易，周折甚多，反复甚多，涉及民生领域的社会立法尤其如此。

二、回归国家公共性：《住房保障法》应有理念

“当法律的权利价值目标确定之后，在对国家权力及其义务的立法中，立法者就应将侧重点放在国家义务规范以及违反这些义务规范所要招致的不利后果的精心设定上，从而使法律更具有可操作性和实效性。”[②]《住房保障法》应在法理上确立住房是准公共产品的理念，摒弃住房全面市场化的错误思想，以“广覆盖、低水平、保基本、分层次”为指导思想，其应当涵盖住房权的构成、国家的责任和义务、低收入困难家庭的住房特别保护、公民居住水平的总体性规定、住房建设各环节的法律规制、住房市场的资金融通管理、经济适用房、廉租住房和住房补贴的制度设计、城镇房屋租赁法律制度等内容，为我国公民住房权的全面实现提供明确法律依据。目前，我国房地产市场供应主要由开发商垄断，以后可以建立和发展国有独资公共住房开发

① 郑尚元：《〈住房保障法〉起草过程中的诸多疑难问题》，载《理论参考》2010 年第 6 期。

② 龚向和：《国家义务是公民权利的根本保障——国家与公民关系新视角》，载《法律科学》2010 年第 4 期。

企业、住房合作社、建筑开发商三支住房建设开发队伍，分层次地、渐进地建立住房保障体系。在城镇，建立和完善以非营利公益性住房为主的廉租住房、经济适用住房和公共租赁住房等保障性住房供应体系，对不同收入家庭实行不同的住房供应政策。在《住房保障法》的制定与实施过程中，应当尽可能保证公平。绝对公平是从来没有的，以后也不可能出现，但应当保持追求社会公平和实质公平的公平理念和价值取向。

在负担得起住房的人和无力负担住房的人之间存在着差异：对那些能负担得起住房的人，国家的主要义务是提供获得住房的机会，构建法律框架为公民实现住房权提供便利；对那些无力负担住房的人而言，更重要的则是社会福利问题。国家应当区分这两类人群，不同群体不同对待，从而更好地保障他们的住房权。国家保障住房权的最低核心义务，要求国家对那些依靠自身能力或条件不足以取得住房以达到“最低限度生存”的人主动提供住房保障，为此，国家有义务通过《住房保障法》倾斜性地保障住房困难家庭，确立住房权最低基准，增加住房公共支出并恰当确定支出对象，对无法获取住房的弱势群体提供救助性住房并赋予其“可抗辩住房权”，在其住房权没有得到满足时，可依法提起行政诉讼，使国家保障住房权的最低核心义务具有可诉性，从而使公民住房权能够真正成为现实。

三、赋予公民“可抗辩住房权”

要实现公民住房权，仅依靠立法和执法是不够的，还要使公民在住房权受到侵犯时能够得到法律救济，这是公民住房权实现的最后保障。经济、社会、文化权利属于“第二代人权”，其可诉性一直备受争议。从司法制度目的出发，可以搁置住房权本身的可诉性争议，将住房权的司法救济具体化，转化为相应具体制度的司法救济，在《住房保障法》中规定实现住房权具体制度的相应司法救济制度。住房权的义务主体包括公民个人、国家和国际组织，其中国家是主要义务主体，为保证国家在住房权实现中承担相应义务，《住房保障法》中应当明确规定国家承担实现公民住房权主要义务的原则，并规定配套的监督检查制度和相应的追责制度，以确保国家在实现公民住房权中承担义务的效果。①

所谓“可抗辩住房权”，即当住房权受到侵害时，符合规定的无房者可通过法律手段向国家提出住房需求，实现有房居住的权利。苏格兰创制了一项有关无家可归者的前卫法律即《无家可归者法》（*Homeless Act*），该法明确提出 6 年内保障人人享有住房权，成为第一个赋予公民可抗辩住房权的欧洲国家。对于无力负担住房者，在他们通过自身努力仍不能享受到相当的生活水准，或者通过自身能力无法改变现有困难的生存条件和环境时，国家有义务给予其特殊照顾或帮助。

在我国，住房弱势群体表现为：或付不起房屋贷款，或交不起房租，二者都会导致住房权的丧失。没有居所安身之人，是没有尊严的人，更谈不上安全和健康，住房贫困人群处于不利地位，他们的需要值得特别关注。因此，在制定《住房保障法》时应赋予住房弱势群体以“可抗辩住房权”。受我国经济发展水平限制，此权利主要倾斜性保护住房弱势群体，即（1）无房可居者；（2）居住条件相当恶劣或危险者；（3）被强制搬迁且无法重新安顿者。对于这些住房困难的公民，国家有义务给予其住房方面的救助，如采取减免、缓缴或少缴租金、发放补贴等形式，帮助住房弱势群体渡过难关，此种国家最低核心义务主要是无偿的、物质的具体给付义务。如果公民通过合法程序

① 参见孟庆瑜、陈雪：《〈住房法〉立法问题研究——一种基于人权保障视野的整体性法律解决方案》，载《河北大学学报（哲学社会科学版）》2012 年第 1 期，第 65 页。

向行政机关提出申请而没有收到答复时，就可以行政机关不履行或不适当履行救助行为而向人民法院提起行政诉讼，由人民法院判决行政机关履行具体给付义务，以解决住房困难群体的住房问题。国家履行此项最低核心义务意味着无房者可以通过法律手段维护自己的住房权，意味着住房权能得到司法保护而最终实现，这样，我国公民的住房权保障将有质的飞跃。

四、确立住房权最低保障基准

无限度地要求国家在一定期限内不惜一切代价，让所有公民实现住房权是不可能的，也是不现实的。因此，在不同时期、不同阶段，国家只需尽其最大的努力，实现其最低限度的住房权核心义务即可。至于如何确定国家最低核心义务，国际上有一系列指标，我们在衡量我国住房权是否实现时，不能毫无保留地完全吸收，而应在实证主义指导下，根据具体国情和现实状况来酌定具体指标作为衡量住房权实现程度的考核标准。对于负担得起住房但不能享受保障性住房的公民，国家有义务确立住房权最低保障标准，以履行国家保障住房权的最低核心义务。综合上述理论，住房权最低保障基准应同时具有以下内容：

1. 住房具有平等性

人人享有平等地获得住房的机会，任何公民在无能力购房时，都可以平等地享受国家优惠的住房政策，平等地享受建材、土地、基础设施和服务等诸多住房资源。住房平等权是维护公民机会平等、保持收入差距适度、实现社会相对公平的必要途径。住房平等权要求国家在提供住房时必须一律平等，标准统一，不得以性别、种族、年龄、职业、家庭出生、宗教信仰、财产状况等不合理的因素作出歧视性规定。[①] 人人都有获得充分住房的权利，任何人不应在住房的取得或使用上遭受歧视，应当享有住房机会平等，弱势群体有充分和持久得到适当住房资源的权利，并应得到优先保障。在现实生活中，存在各种形式的歧视，如在美国，对有犯罪前科的人申请公共住房进行了严格限制，如果一个人曾实施过性犯罪或者制造过毒品就会终身丧失享用公共住房的权利，而实施犯罪的大多是贫困的非洲籍和西班牙籍美国人，这些人在享受住房权时事实上就遭受到了歧视。

2. 住房具有不受驱逐性

不应在违背个人或家庭意愿的情况下，长期或临时驱逐公民离开他们居住的房屋或土地，在被非法驱逐之时，能够援引适当的法律或通过其他措施获得保护。不论是自有住房、租赁房、合作住房、应急住房还是非正规住房，法律都应该保障住房者的权利，公民私生活、寓所或信件不受到任何非法干涉，如强迫驱逐、骚扰和其他威胁。

3. 住房价格具有可承受性

住房的价格水平不应过高、不应超出公民的租赁或购买能力，公民应当享受依自身经济水平所能承受的住房价格。住房价格可承受权要求与住房相关的个人及家庭开支应保持在一定水平，而不至于使其他生活必需品的获得与满足受到威胁或损害，这是住房权保障的重点与核心难题之一。在建筑技术已实现现代化、住房短缺和质量问题得到根本改善后，住房的可承受性已成为住房权保障的头号难题，这一标准也变得更有现实意义。[②]

4. 住房具有适居性

国家为公民提供的住房应当是健康、舒适、适合居住的，并且符

---

① 朱福惠、李燕：《论公民住房权的宪法保障》，载《暨南学报（哲学社会科学版）》2009 年第 2 期，第 121 页。

② ［英］阿列克斯·施瓦兹：《美国住房政策》，黄瑛译，中信出版社 2008 年版，第 26 ~ 27 页。

合基本的安全、卫生和其他相关标准。此权利表明，国家不仅要为公民提供住房，而且还要通过各种政策，努力提高住房的质量和标准，以使公民能够享有舒适的住房。《世界人权宣言》强调，每个人都有权享受有质量的生活水准，包括充分的住房。住房适居权已为各国宪法所确认，如葡萄牙宪法规定："任何人都有权要求为其及其家庭供给面积充足、卫生与舒适，使个人私生活和家庭生活受到保护的住房。"同时，该宪法还强调国家在保障住房权方面的义务为："指定并实施住房政策作为国土总体改造规则的组成部分，并辅之以能够保证提供充分的交通与公用设施网络的都市化规划。"

5. 住房具有融合性

不同阶层的公民不能因住房隔阂而造成社会分离，他们享有与城市周边环境及周边基础设施相融合的权利。住房应处于方便就业选择、获得医疗服务、学校和其他社会基础设施的地点，住房的建造方式、使用建材和支持政策必须能恰当地体现住房的文化特性和多样性。公共住房的选址和布局既关系到城市总体规划，也关系到社会的稳定和谐，如果公共住房集中在城市特定区域，那么低教育水平、低就业率、高犯罪率的区域就会逐步成为城市发展的隐患，有形成贫民窟的可能。

第三节　保障住房权之国家义务的实践路径

一、平衡公共利益与个人利益：《国有土地上房屋征收与补偿条例》

（一）平衡公共利益与个人利益

根据前文所分析的实现住房权的“义务层次理论”，即国家对住房权的尊重、保护和给付三个层次的义务，我们可以看到，“住房权并不仅仅意味着政府负有为住房弱势群体提供住房的积极义务，而且还包括不得侵犯已有住房者的住房权的消极义务，包括保护其不受任意驱逐的义务。由此，片面强调对住房弱势群体的全景式保障，或者对住房优势群体过度提高居住环境的无条件放任，或者一味打压住房优势群体改善住宅状况的努力，甚至以采取剥夺私人财产的方式力求实现全民的作为基本人权的住房权，都是目光短浅、不理性、不公平并且违背人权基本原则的行为”①。因此，下文将从国家对实现住房权的三个不同层次义务分别提出些微对策与建议，以期为实现我国住房权的全程保障有所助益。

国家对住房权的尊重义务意味着要求国家不作为，避免对人们积极获取住房的努力进行不适当的干预与限制，不非法干涉公民住房权，不对公民享受权利与自由进行不必要的剥夺与限制，更多地体现出对公民消极权利的放任自由。然而，住房的非驱逐性并不是绝对的，在特定条件下，国家可以拆除公民的住房，国家对住房权的限制有其必要性，但这种限制必须是基于必要的公共利益考虑，且这种公共利益应当处于与公民的住房权大致相同的价值位阶，必须遵循正当法律程序，预先给予补偿，不能使被拆迁人无家可归。也就是说，尽管住房在一定条件下可以被征收拆除，但不能进行任意强行拆除，这就涉及如何平衡公共利益与个人利益的问题。

不容否认，公共利益具有一定的根本性与正当性，当两者发生冲突时，一般须由个人利益做出让步。但公共利益并不总是优先于个人利益：首先，公共利益本身并不一定能体现社会上每个人的利益。很多所谓的公共利益，实际上并不具有公共的意义，而往往是部门首长

① 张清、吴作君：《住房权保障如何可能研究纲要》，载《北方法学》2010 年第 4 期，第 51 页。

制造政绩的借口。[①] 其次，公共利益是否就绝对高于个人利益呢？一般认为，公共利益因为体现社会上多数人的利益，自然比带有私利性质的个人利益具有更强的道义基础，但其实，这是我们人为地将公共利益凌驾于个人利益之上，在一定程度上使宪法规定的个人权利、自由、利益丧失了相应的道德基础。正如有学者所言，"就民主宪政的基本理论而言，本身就蕴含着将一向被'公共领域'覆盖的'私生活领域'划出的意图，赋予其积极意义，从而尊重个人的尊严，并确保个人在此范围的自由"[②]。最后，权利并不等同于利益。权利虽然内含利益的观念，但权利本身并不完全等同于利益，特别是当权利拥有对抗政府的权能时，它就更不等同于利益。我国目前正处于"黄金发展期"与"矛盾凸显期"并存的利益博弈时代，强势集团与弱势群体的利益博弈构成主线，其表现是富与穷之间的斗争，其实质则是公权力与私权利的博弈：贫困大多不是因为收入贫困或能力贫困，而主要是因为权利贫困——公民利益被剥夺，很大程度上是因为其权利被剥夺；公民权利的被剥夺招致机会的丧失，从而陷于相对的或绝对的贫困。[③] 强制拆迁正是由于有些地方政府以公共利益为名，限制、剥夺了公民的住房权，违背了国家应当履行的尊重义务，从而使公民陷入更加贫困的境地。

目前，我国的拆迁多是由商业利益所引起，但大都披上了公共利益的外衣，某些地方政府及官员强行介入商业性房屋拆迁项目，甚至为了谋取地方利益、部门利益或个人利益，往往以"国家建设""公共利益"为由，制定很低的补偿标准，非法允许甚至直接执行商业性

① ［德］瓦尔特·欧根：《经济政策的原则》，李道斌译，上海人民出版社2001年版，第102页。

② 李鸿禧：《宪法与人权》，元照出版公司1999年版，第143页。

③ 熊惠平：《"穷人经济学"的居住权解读》，载《南通大学学报（社会科学版）》2008年第2期。

项目的强制拆迁，这显然违背了对住房权的尊重义务，侵犯了公民的住房权，势必引发矛盾和冲突。当政府的强制拆迁行为导致被驱逐的人无家可归时，司法机关应关注政府尊重住房权的义务，决定是否颁发强制拆迁的命令以及于什么时候、在什么情形下强制拆迁是可以进行的。

因此，我们应当严格区分公益拆迁与商业拆迁，禁止政府为商业开发滥用公权力进行强制拆迁。如果是公益拆迁，必须明确界定公共利益的范围，应当接受被拆迁人的质疑并举行听证会。被拆迁人对拆迁行为是否符合公共利益如仍存疑虑，或者就补偿数额双方无法达成一致协议，被拆迁人应当享有通过行政复议或司法救济手段使政府放弃拆迁行为的权利。如果政府提出的公共利益不能得到被拆迁人的认同，就不能利用强制手段进行拆迁，国家有义务尊重住房权，不侵犯公民的住房权。

（二）《国有土地上房屋征收与补偿条例》：尊重义务的践行

2009 年 12 月 10 日，北京大学 5 位法学学者上书全国人大常委会，建议审查《城市房屋拆迁管理条例》。2009 年 12 月 16 日，国务院法制办举行座谈会，讨论修改《城市房屋拆迁管理条例》，此后，原国务院法制办于 2010 年 1 月 29 日公布了《国有土地上房屋征收与补偿条例（征求意见稿）》，向公众公开征求意见。由于在征地及拆迁过程中的恶性事件愈演愈烈，国务院办公厅于 2010 年 5 月 15 日下发了《关于进一步严格征地拆迁管理工作切实维护群众合法权益的紧急通知》，要求对于程序不合法、补偿不到位、被拆迁人居住条件未得到保障以及未制订应急预案的，一律不得实施强制拆迁，因工作不力引发征地拆迁恶性事件的，有关领导和直接责任人将被追究责任。突破层层阻力，2010 年 12 月 15 日原国务院法制办公布了《国有土地上房屋征收与补偿条例（第二次公开征求意见稿）》，马怀德教授说，这是我国目前为止，唯一一次就某个重大问题，两次征求社会意见的行政法规。令人欣慰的是，2011 年 1 月 21 日，《国有土地上房屋征收与补偿条例》终于公布并施行，这一系列事件使得公民住房权的讨论再次成为热点。

通过对原《城市房屋拆迁管理条例》与《国有土地上房屋征收与补偿条例》的比较与分析，我们发现国家在对住房权尊重义务的践行方面有了很大改观，主要聚焦于下列几个方面的问题。

1. 关于强制拆迁（搬迁）问题

原《城市房屋拆迁管理条例》规定，政府既可以责成有关部门强制拆迁，也可以申请人民法院强制拆迁。拆迁人对被拆迁人给予货币补偿或者提供拆迁安置用房、周转用房的，诉讼期间不停止拆迁的执行。《国有土地上房屋征收与补偿条例》第 27 条第 3 款规定："任何单位和个人不得采取暴力、威胁或者违反规定中断供水、供热、供气、供电和道路通行等非法方式迫使被征收人搬迁。禁止建设单位参与搬迁活动。"第 28 条第 1 款规定："被征收人在法定期限内不申请行政复议或者不提起行政诉讼，在补偿决定规定的期限内又不搬迁的，由作出房屋征收决定的市、县级人民政府依法申请人民法院强制执行。"

相比而言，由政府申请人民法院强制执行，取消行政强制拆迁，明确司法强拆，引入第三方站在政府和被拆迁人的天平上，是《国有土地上房屋征收与补偿条例》的一大亮点。这是一种进步，使行政强拆成为历史，有利于加强对基层政府征收补偿活动的制约，有利于减少在房屋征收与补偿中的矛盾，更有利于国家对住房权尊重义务的践行。

2. 关于公共利益的界定

原《城市房屋拆迁管理条例》对"公共利益"的范围没有具体

规定，只是规定征收城市房屋和农村土地房屋，应当基于“公共利益”需要，按照宪法、物权法、土地管理法和房地产管理法等规定处理。《国有土地上房屋征收与补偿条例》第8条规定：“为了保障国家安全、促进国民经济和社会发展等公共利益的需要……（一）国防和外交的需要；（二）由政府组织实施的能源、交通、水利等基础设施建设的需要；（三）由政府组织实施的科技、教育、文化、卫生、体育、环境和资源保护、防灾减灾、文物保护、社会福利、市政公用等公共事业的需要；（四）由政府组织实施的保障性安居工程建设的需要；（五）由政府依照城乡规划法有关规定组织实施的对危房集中、基础设施落后等地段进行旧城区改建的需要；（六）法律、行政法规规定的其他公共利益的需要。”

不可否认，《国有土地上房屋征收与补偿条例》对公共利益的界定较原《城市房屋拆迁管理条例》有了明显进步，但是，笔者认为，其对公共利益界定仍模糊不清，甚至有扩大化倾向。将“促进国民经济和社会发展”作为公共利益的限定词会引发很大的争议，对一个市县的经济发展而言，建一个娱乐场所、设立一个公司、开发一个小区，无疑都属于促进国民经济和社会发展的行为，因此将所有“促进国民经济和社会发展”的行为都认定为公共利益，会使得公共利益的边界被人为模糊化。公共利益的界定是新拆迁条例成败与否的关键和前提，不能在当前我国城镇化加速的情况下只兼顾“经济性”、将一些所谓的商业项目也纳入公共利益的范畴，必须严格限定公共利益的界限，对以公共利益之名所进行的交通、能源以及文化教育等项目，应当纳入国家或者省级重点规划项目，并且须经本级人大通过后方可列为公共利益。“否则，公共利益泛化，势必使得条例被假借公共利益的各种拆迁行为绑架，这个制度漏斗必须防之又防。”

3. 关于拆迁补偿问题

原《城市房屋拆迁管理条例》规定，拆迁补偿的方式可以实行货币补偿，也可以实行房屋产权调换；货币补偿的金额，根据被拆迁房屋的区位、用途、建筑面积等因素，以房地产市场评估价格确定。《国有土地上房屋征收与补偿条例》第17条第1款规定："……对被征收人给予的补偿包括：（一）被征收房屋价值的补偿；（二）因征收房屋造成的搬迁、临时安置的补偿；（三）因征收房屋造成的停产停业损失的补偿。"第19条规定："对被征收房屋价值的补偿，不得低于房屋征收决定公告之日被征收房屋类似房地产的市场价格……"

实践中，房屋拆迁补偿直接决定着拆迁人弥补被拆迁人损害的程度，直接影响到公民住房权的保障，而我国诸多法律仅概括性地规定"给予补偿"，对于补偿原则和标准并未明确规定，从而导致补偿不公平的事件屡屡发生。因此，进一步明确我国房屋拆迁的补偿原则及补偿范围非常重要，只有在给予被拆迁人公平合理的补偿并充分保障公民住房权的前提下，才可以实行拆迁。世界上一些国家对于房屋征收拆迁补偿的范围很广，从保障被拆迁人继续生存、不降低原生活水平、保障其得到更好的发展这一层次出发来确定补偿范围，从各个不同角度对被拆迁人遭受的损失予以全方位的补偿，从而极大地保障了被拆迁人的住房权。[①] 而在我国，即使《国有土地上房屋征收与补偿条例》较原《城市房屋拆迁管理条例》有所改观，但是补偿范围仍然有些偏窄，诸如土地使用权、可期待性收益和无形利益的损失均未包括在内，而这些损失都会影响公民住房权实现的程度。

4. 关于拆迁机构问题

原《城市房屋拆迁管理条例》规定，拆迁人可以自行拆迁，也可

---

① 杜芳：《论公民住房权法律保护体系的构建——以城市房屋拆迁的根本治理为视角》，载《湘潭大学学报》2010年第4期。

以委托具有拆迁资格的单位实施拆迁。《国有土地上房屋征收与补偿条例》第5条规定："房屋征收部门可以委托房屋征收实施单位，承担房屋征收与补偿的具体工作。房屋征收实施单位不得以营利为目的。房屋征收部门对房屋征收实施单位在委托范围内实施的房屋征收与补偿行为负责监督，并对其行为后果承担法律责任。"

"房屋征收实施单位"是《国有土地上房屋征收与补偿条例》在政府和建设单位之间的一个重要制度设计。原《城市房屋拆迁管理条例》规定建设单位是拆迁人，由于拆迁速度和建设单位、拆迁单位的经济利益直接相关，容易造成拆迁人与被拆迁人的矛盾激化，因此，设立"房屋征收实施单位"、规定政府是征收补偿的主体、取消建设单位拆迁，可以从根本上控制征收人和建设单位之间过于紧密的利益联系，减少国家对公民住房权的侵害，强化国家对住房权尊重义务的履行。

5. 关于征求意见程序

原《城市房屋拆迁管理条例》规定，拆迁房屋的单位取得拆迁许可证后，方可实施拆迁；房屋拆迁管理部门在发放拆迁许可证的同时，将拆迁许可证中载明的拆迁人、拆迁范围、拆迁期限等事项，以公告的形式予以公布。《国有土地上房屋征收与补偿条例》规定，市、县级人民政府应当组织有关部门对征收补偿方案进行论证并予以公布，征求公众意见。征求意见期限不得少于30日；房屋征收决定涉及被征收人数量较多的，应当经政府常务会议讨论决定；被征收人对市、县级人民政府作出的房屋征收决定不服的，可以依法申请行政复议，也可以依法提起行政诉讼。

在原《城市房屋拆迁管理条例》中，被征收人在补偿阶段缺乏知情权、参与权、救济权以及获得公正评估权，而《国有土地上房屋征收与补偿条例》更注重程序公开，通过尽可能地公开，引入专家建议、公众参与、政府决策相结合的机制以及内部的层级审查与司法监督，使程序与决策更加民主、合理，使当事人的权利能够得到更好的保护和救济。

通过上述综合对比可知，新旧条例无论在名称上还是在内容上都有很大变化，王锡锌教授乐观地评价道，“《城市房屋拆迁管理条例》强调的是管理，而《国有土地上房屋征收与补偿条例》体现了由单向的管理到对公民私有财产权的尊重和保护，而且征求意见稿中摒弃了拆迁的概念，取而代之的是搬迁，从‘拆’到‘搬’也折射出一种法治理念的进步”[①]。然而，“民间版拆迁条例”主要制定者杨在明认为，立法也是一种博弈，法律制定缺少基层民众参与，最终文本就会只是“看起来很美”[②]。无论如何，从5位学者上书将一个条例的废改推向公众舆论中心，到公众助推新条例出台，说明人们都在关注住房权问题，这些都值得我们欣喜。然而，原《城市房屋拆迁管理条例》在施行了十年之久才被废止，公民的救济权利受限。那么，国家对住房权的最基本的尊重义务何在，值得我们反思。

二、从预防义务层面为住房权铺建政策平台

“保护义务就是一种对权利进行救济的义务”[③]，国家对住房权的保护义务是要求国家必须采取积极措施预防、制止、惩罚第三人侵犯公民住房权的义务。国家对住房权的尊重义务，是住房权的消极面

① 陈菲、崔清新：《“新拆迁条例”直面矛盾 补偿尽量公平合理》，载《人民法院报》2010年2月2日。

② 于杰：《民间版拆迁条例发布 更关注拆迁户利益》，载《京华时报》2010年12月25日。

③ 黄金荣：《司法保障人权的限度——经济和社会权利可诉性问题研究》，社会科学文献出版社2009年版，第185页。

向，这种义务并不需要消耗太多的资源，也不需要国家逐步实现，因此，对尊重义务层次的住房权进行救济，在我国并不会遇到太大困难，但是，保护积极面向的住房权就需要国家从预防义务层面为住房权铺建政策平台，需要人民法院超越住房权可诉性问题，倾斜性地保护住房弱势群体的住房权。

住房权预防层面的保护义务要求国家针对第三人可能产生的侵害采取相应措施，防止侵害的发生或者降低侵害行为的危害程度。预防主要发生于侵害行为实施之前，更多地表现出对社会行为的一般指引，为了保护公民住房权免受第三人的非法侵害，国家有义务在法律上作出相关规定，以成文法的形式预先确定侵害住房权应受的惩罚，以此来警告和预防第三人对住房权的侵害，从而达到保护住房权的目的。住房权的预防义务主要由立法机关承担，行政机关也具有一定的重要作用。

第一，立法机关对住房权的预防保护义务。立法机关在立法时应当保持一定的前瞻性，不断反映新情况、新问题，不断完善立法，提高立法水平，及时履行立法义务。“立法者制定执行性法律，来贯彻宪法，不仅是权限，亦是一种义务，是而，即使立法者获得宪法的授权，对于得不得立法之问题，亦没有自由抉择的余地。”① 在保护住房权时，我国立法机关有义务加快有关住房立法的工作进程，明确政府在住房保障方面的法律义务，从法律上进一步完善住房权保障制度及相关法律法规，真正做到有法可依，为公民行使住房权提供法律保障。同时，立法机关还有义务提供一套便于适用的组织和程序，确保住房权在受到第三人侵害时能够及时、有效地获得国家保护。

第二，行政机关对住房权的预防保护义务。“徒法不足以自行”，法律要体现出实效，有赖于行政机关的执法活动，行政机关有义务按

---

① 陈新民：《德国公法学基础理论（上册）》，山东人民出版社 2001 年版，第 159 页。

照法律规定并根据实际情况适当行使自由裁量权，建立和完善各种预防侵害发生的规章制度和设备资源，发挥好组织协调作用。首先，行政机关有义务加强对房地产市场的政府管制。行政机关可以通过一些宏观调控政策，适当控制市场的住房价格，同时还应出台相应政策对商品房定价进行规制，防止暴利产生，商品房市场信息应进一步透明化，为公民提供更为公平、规范的商品房交易平台，确保房地产市场的有序运行。其次，行政机关有义务在土地出让上作出恰当规制，对中小结构的住房在土地价格上给予优惠。打击囤地行为，对土地的开发时间进行严格限制。最后，行政机关有义务加快住房保障体系建设，针对不同的人群建立不同的住房保障机制。针对中等收入以上者建立以市场调节为主的商品房供应体系，对低收入者建立以政府投资和居民购买相结合的经济适用房和廉租房住房保障体系，对于住房困难群体建立完全依靠政府的福利性住房，对于流动人口建立政府具有所有权的公共租赁房，从而确保我国各阶层居民的住房权都能得到保障。

三、力求通过民事和行政诉讼制度救济住房权

（一）通过民事诉讼路径进行司法救济

在我国，2011 年 1 月 21 日以前，对住房权尊重义务层次的侵犯主要发生于行政强制、行政征用等领域，除行政处罚较完备外，行政强制与行政征收都没有统一的法律，侵权、滥权现象比较普遍，强制拆迁、暴力拆迁正是这方面的典型。而当公民住房权受到侵犯时，其救济性规定主要体现在原《城市房屋拆迁管理条例》第 16 条，其规定为：“……达不成拆迁补偿安置协议的，经当事人申请，由房屋拆

迁管理部门裁决……当事人对裁决不服的，可以自裁决书送达之日起3个月内向人民法院起诉……诉讼期间不停止拆迁的执行。”最高人民法院在2005年《关于当事人达不成拆迁补偿安置协议就补偿安置争议提起民事诉讼人民法院应否受理问题的批复》中则规定，拆迁人与被拆迁人或者拆迁人、被拆迁人与房屋承租人达不成拆迁补偿安置协议，就补偿安置争议向人民法院提起民事诉讼的，人民法院不予受理，并告知当事人可以按照《城市房屋拆迁管理条例》第16条的规定向有关部门申请裁决。

从上述规定可以看出，当事人就拆迁补偿安置协议有争议时，首先应当通过行政裁决程序解决，如向人民法院提起民事诉讼，人民法院则不予受理，即当事人只有在对行政裁决不服时，才能提起行政诉讼，而行政裁决的主管机关本身又是房屋拆迁执行部门，这就直接违背了“自己不能做自己的法官”的自然公正原则。尽管宪法早已明确规定“公民的住房不受侵犯”，但是最高人民法院却以一纸批复否定了公民住房权受行政机关侵犯时应获得的司法救济，使住房权的权利救济属性荡然无存，这种把抽象的宪法权利具体否定的做法，构成了对公民住房权的过度限制和侵犯。然而，在我国，此种批复行为并没有可诉性，更多地依靠于司法机关的素质与良心。因此，当被拆迁人的住房权受到侵害时，虽然可以向人民法院提起行政诉讼，但严格的限定条件使得这种“单一并且缺乏公正和效率”的间接救济方式并不能很好地保障公民的住房权。

值得欣慰的是，《国有土地上房屋征收与补偿条例》废止了上述规定，但是，国家还是有义务继续完善我国住房权的救济途径，贯彻司法终局原则。

第一，在房屋搬迁补偿领域，应当由司法机关对因搬迁补偿安置协议、补偿金额、安置方式等产生的纠纷进行中立裁判，公民可以依法提起行政诉讼，从而为被征收人提供有效的住房权司法保障。在司法机关进行强制搬迁时，应结合具体情况，把被搬迁人的损害降到最低点。在行政救济中，如因行政主体的违法行为而使公民的住房权受到侵害，公民有权要求行政赔偿。

第二，应当增加民事诉讼救济途径以全面保护被征收人的住房权。我国目前正处于高速城镇化和高速工业化的发展时期，除了真正意义上的因公共利益搬迁之外，可能绝大多数的房屋搬迁是基于商业利益，对于平等民事主体之间因搬迁补偿引起的纠纷，完全可以由民事法律关系进行调整，而行政机关应当处于服务者的中立地位，只对开发商和搬迁人的资质进行程序审批，对补偿的落实情况进行监督，不应介入任何实体内容。如果开发商与被搬迁人不能就搬迁补偿事宜达成一致意见而发生纠纷时，人民法院有义务通过民事诉讼程序进行处理，未经裁判不得强制搬迁，从而将行政权力彻底剥离商业搬迁这一纯民事法律关系，避免国家公权力的滥用和对公民住房权的粗暴践踏，同时也为被搬迁人提供了另外的司法救济途径。

（二）力求通过行政诉讼制度救济住房权

住房权作为一项可向国家要求积极作为的权利，国家负有最低核心义务，虽受经济文化发展水平制约，但资源限制并不能否定住房权具有可诉性，只是在具体国情中救济义务的广度与深度不同而已。随着住房权观念深入人心，人们对适当的、可负担的住房需求正逐步转化为对住房权的诉求，实现住房权应具有获得司法救济的能力。梦想的阳光总是在照进现实的过程中倾斜了它的角度，这让我们看到了司法救济住房权的局限性。救济的有无与多寡决定着住房权的实现程度，为有效保障住房权，国家有义务建立完备的救济制度以及相关机制，但令人遗憾的是，我国现行救济机制差强人意，与人们的期望相去甚远。当前所推行的经济适用房、廉租房、住房补贴等制度仍处于一种管理较为混乱的无序状态，许多住房保障政策、制度不具有法律层面上的效力，中央和地方政府所制定的住房保障标准难以统一。同时，我国宪法并未直接确认住房权，也没有一部专门法律或法规具体规定住房权的丰富内涵，尚未建立起完整的住房权法律保护体系。“冰冻三尺非一日之寒”，我国住房权问题积弊已深，已成为一个严峻的社会问题。

中国社科院发布的《经济蓝皮书》深刻指出，三方面矛盾是住房权问题症结之所在：“一是实现居民买得起房的目标与猛烈推高房价的土地买卖制度之间的冲突；二是中央要求控制房价和中央与地方之间财政税收关系不顺的冲突；三是土地是用来吃饭还是用来居住的矛盾。”① 从客观角度来说，在我国目前现有国情下，这三大颠覆性矛盾并非一朝一夕所能解决的，立足国情，在最大的广度与深度上救济公民的住房权可能才是更务实的态度。

我国目前缺乏宪法诉讼制度，而现有法律主要以财产权和人身权（涉及一些隐私利益）作为住房权的救济切入对象，通过民事、刑事、行政法律进行保障，虽然在形式上兼顾了住房权的双重权利属性，但是细致考察不难发现，所有救济权利的设计都产生于默认公民“居有其屋”的既有前提之下，无形中排除了处于贫困边缘、没有住房的居民的救济权，从而免除了国家向这部分居民通过循序渐进的方式提供符合基本生活水准住房的义务。而且，将住房权降格为财产权甚至房屋所有权进行保护将使住房权的保护面临不可避免的困境。例如，本来作为住房弱势群体的安身之处的违章建筑因为政府市容整顿，一夜之间化为平地，使得他们重新融入流浪大潮，成为无家可归之人，而

① 《社科院 2011 年经济蓝皮书：85% 家庭无能力购房》，载腾讯网，https：//news. qq. com/a/20101207/001626. htm，最后访问日期：2018 年 6 月 6 日。

出现如此困境的根源就是法律不承认这些贫民对违章建筑的财产权或者说房屋所有权，因此政府可以随时对其加以整顿而不对居住者施予必要的救济措施。这样的立法现状无疑难以满足公民住房权保护的要求。①

因此，如果要使住房权真正得到保护，使公民在住房权受到侵犯时能够寻求有效法律救济，就要求司法机关在住房权的司法保护方面有所积极作为，人民法院可以在保证“政治合法性”的前提下不畏被人批评为“司法抢滩”行为②，通过司法解释的方式规定住房权抽象行政行为具有可诉性。

根据现行规定，我国目前主要是以人身权、财产权为标准来确立行政诉讼受案范围，而事实上，“人身权和财产权主要是针对私法权利所做的分类。在公法领域，公民的合法权益并非人身权和财产权所能涵盖，如受教育权、劳动权等”③。住房权作为一项以国家给付义务为主的权利，其义务体系非常庞杂，不仅涉及立法行为，同时还更多地涉及各级行政机关的抽象行政行为和具体行政行为。从实践来看，国家履行住房权给付义务的标准和幅度大多是通过抽象行政行为进行的，任何义务都有怠于履行的可能，倘若抽象行政行为缺乏外在强制力或监督力，某些机关很有可能将给付义务的履行当作是对公民的恩惠。这种情况就违背了国家给付义务的初衷，且其危害程度会因具体给付义务的不履行而进一步扩大。如果仅依据现行行政诉讼制度，则只有某些具体行政行为被纳入其中，而对于大部分的抽象给付义务司法机关却无能为力。众所周知，修改一部基本法律在我国绝非易事，

① 张清、吴作君：《住房权保障如何可能研究纲要》，载《北方法学》2010 年第4 期。

② 童之伟：《宪法司法适用研究中的几个问题》，载信春鹰主编：《公法（第三卷）》，法律出版社 2001 年版，第 329 页。

③ 龚向和、邓炜辉：《国家保障民生义务的宪政分析》，载《河北法学》2009 年第 6 期。

而司法解释的出台相对而言更简便些。因此，本着更务实的态度，笔者认为，司法机关有义务超越行政诉讼受案范围，通过司法解释的方式竭力保护公民住房权，宣布行政机关的某些住房权抽象行政行为违法或者无效，并且在必要时针对当事人住房权的受损程度决定给予其相应赔偿。

四、改善经济适用房、加强廉租房、发展公租房保障住房权

（一）改善经济适用房制度实现住房权公平享有

一个不可否认的事实是，十几年来，我国经济适用房制度已形成自身特色，的确发挥了相当大的作用，如物业费用相对较低、中低收入家庭不仅能够买得起，而且住得起。相当多的中低收入家庭购买了经济适用房。“经济适用房准确地讲应当是平价房，意味着建筑成本和土地出让之微利而成为居住用房，这部分房屋本该是住房的主体，别墅和廉租之公共居屋才是补充。试想，如果经济适用房为住房的主体，中国社会财富的统计才算科学，而现实中京沪杭等若干大城市的住房价格，也就是多层公寓价格已经高出美国或西欧单宅住房，国民财富的泡沫是否产生了呢？我们真有那么富裕吗？听凭房地产市场之自由任性，结出的果实必然酸涩无比。经济适用房的面积、质量、区位等标准需要不断完善，经济适用房的分配程序的理性与法制才是最终出路，而不该是因噎废食。”①

① 郑尚元：《居住权保障与住房保障立法之展开——兼谈〈住房保障法〉起草过程中的诸多疑难问题》，载《法治研究》2010年第4期。

（二）加强廉租房制度建设

由于城市人口的急剧增加、土地资源的有限性以及建筑成本高昂等因素，国家不可能使所有人都能以获得房屋的所有权形式享有住房权。对低收入家庭而言，着力加强为其“量身定做”的廉租房制度，解决其“原生态”的民生问题，远比“画饼充饥”式的精神快餐现实，住房自然是其生存必不可少的物质条件。廉租房作为实现住房权目标的手段之一，在内容上紧贴“满足基本住房需求”的目标，与住房权的核心内容紧密相关。就实际效果来说，廉租房制度的设计与现实之间的权力寻租的空间更少，因受惠者获利有限，大大削弱了引起投资者兴趣的资产性收益，实施效率较高。从廉租房政策成本来看，政府投入较少资金就可以解决更多人的基本住房需求，较经济适用房而言，它使国家财政负担更轻，对没有享受到住房政策的纳税人造成的经济损失更小，但却可以达到相同甚至更好的效果，而且，廉租房政策兼顾了各方利益，在实现部分人的住房权的同时，保障了某些人要求充分考虑的平等权。

遗憾的是，在过去的住房保障体系建设中，地方政府对此并无兴趣，全国仍有多个地级市未建立廉租房制度可见一斑。如何更好地完善廉租房制度呢？首先，须建立以公共财政为主的、多渠道的廉租房建设保障资金，形成公共预算安排、土地出让净收益的提取、住房公积金增值收益提取、社会捐赠等多路径的资金供应协作局面。其次，建立和完善廉租房制度的核准、进入和退出机制。为防止认定偏差，对于该保、应保的对象，民政部门应与房地产管理部门联手建立专门档案，登记在册并动态跟踪相关信息；初定的保障对象名单应向社会公布征询公众意见；关于动态管理，政府应适时调整最低收入家庭的标准，并定期向社会公布。最后，建立一种退出复审机制，每隔两年或其他时间对原保障对象进行重新认定，只有符合条件的方可继续享受廉租房，当原有保障对象脱贫、脱困后，应要求、引导其搬出，以便让更需“雪中送炭”的人入住。①

在保障低收入家庭的住房权上，新加坡的经验可资借鉴。新加坡是世界上廉租房制度最成功的典范之一，为保障低收入家庭的住房权，政府规定了购买或租用国家营建住房即组屋的条件：以每个家庭月收入3500新元为标准，基本上保证了80%以上的中等收入家庭能够得到廉价的组屋，而20%有较高收入的家庭则需要自己购买标准较高的共管式公寓或花园式住宅。为照顾低收入家庭购买组屋，政府还有大量补贴，对购买三房式以下住宅的常常是低于半价出售，四房式也可降价15%出售，五房式住房也稍有优惠。住户购买组屋一般需要一次性缴足相当于售价20%的款额，余下的由建屋局以低息贷款方式垫付，住户可用公积金在5年、10年甚至25年内还清，这样就保证了绝大多数低收入家庭都有购买住宅的能力。实在无力购买的，如月收入低于800新元者，政府还允许租用组屋。②

（三）发展公共租赁住房，保障“夹心层”住房权

我国存在着大量的家庭收入水平和住房标准超过廉租房保障范围而又无能力购买商品房的中间阶层，此阶层的公民既无力支付商品房的首期付款，又不能申请廉租房，这部分游离于我国住房保障制度之外的住房困难群体通常被称作“夹心层”，其住房权很难通过政府资助得以实现。2010年6月8日，由住房和城乡建设部等七部门联合制定的《关于加快发展公共租赁住房的指导意见》正式发布，首次把

---

① 熊惠平：《论穷人的居住权：基于人权的基本视角》，载《武汉科技大学学报》2008年第2期。

② 张琦、曲波：《怎样让人人住有所居——如何理解住房制度改革》，人民出版社2008年版，第110页。

“公共租赁房”纳入保障性住房的行列，提出对城市中等偏下低收入住房困难人群、外来务工人员及刚毕业的大学生等实行住房保障覆盖，首次从政府层面将以前无法享受廉租房、经济适用房的城市“夹心层”纳入住房保障计划，打破了户籍的藩篱。

近年来，社会各界对发展公共租赁住房的呼声十分强烈，根据一项对全国1.2万余人所做的网上调查显示，95.1%的接受调查者支持推广公共租赁住房。部分全国人大代表、政协委员和一些专家多次在不同场合进行呼吁。[①] 在指导意见出台之前，重庆、厦门、青岛等多个城市早已发展公共租赁住房，从实践来看，公共租赁房能够为“夹心层”提供稳定房源，满足其过渡性的基本居住需求，为破解外来人口住房政策这一重大难题提供了具体途径。然而，由于公共租赁住房建设尚处于探索阶段，制约其发展的一些突出问题依然存在，如政策定位不清晰，各地租赁对象范围有较大差别；引入社会资金的做法没有普遍推广，缺乏规范化、制度化的住房建设长期融资渠道；相关土地供应、税费优惠政策尚不明确等。

因此，公共租赁住房指导意见虽然完善了我国的住房保障体系，弥补了长期以来“夹心层”住房政策缺位的现实，体现了国家保民生、关注住房权的思想，但是，由于其目前还只是政策性文件，没有上升为具体法律，其在中国国情下的具体执行情况可想而知。制定《住房保障法》应该把公共租赁住房纳入其中，以切实保障“夹心层”的住房权。当前，如果全部依靠扩大廉租房、经济适用房覆盖面，一方面，财政无力承受；另一方面，部分“夹心层”群体随着收入增长，几年后将具备通过市场解决住房的支付能力，他们对政府保障的需求只是阶段性的，因此，大力发展公共租赁住房，是解决“夹

---

① 杜宇：《发展公租房责任制：省级负总责 市县抓落实》，载新浪网，http://finance.sina.com.cn/roll/20100612/20443354690.shtml，最后访问日期：2018年6月6日。

心层”住房困难的有效途径，也是各级政府的最低核心义务。

住房权作为一项基本人权，国家最低核心义务对其保障具有根本性和直接性，住房权的充分实现依赖于国家最低核心义务的履行，“所有权利都要求政府积极地回应”，“几乎每一项权利都蕴含着相应的政府义务，而只有当公共权力调用公共资金对玩忽职守施以惩罚时，义务才能被认真地对待。没有法律上可实施的义务，就没有法律上可实施的权利”①。为保障住房权有效实现，国家有义务建立健全住房保障制度，救助无家可归者，给购房者提供贷款，为住房困难群体建设经济适用房、廉租房和公共租赁住房，并采取积极措施不断提高住房面积、质量和其他配套设施，从整体上提升住房权的享有水平，而完全由市场驱动的住房政策无法实现对住房权的有效保护。国家应当承担起法律义务，积极有效地介入房地产市场，既要保护那些有经济能力购房者的权利，又要为无法承担高昂房价的住房困难群体提供权利保障，最终解决公民现实的住房问题。

同时，“对希望受到别国尊敬和得到国内安定的国家来说，没有比保护和养育国民的权利感更为重要的了。养育国民的权利感，是对国民进行政治教育的最高也是最重要的课题之一，对一个国家来说，每个国民健全而强力的权利感是最为丰富的源泉，是对内和对外的最确切的保障物”②。认真对待住房权，为住房权而奋斗，不断提高公民的居住水平，是公民的权利，也是国家的责任与义务，是我国目前最大的民生问题之一。诚如孙中山先生所言：“民生就是政治的中心，就是经济的中心，和种种历史活动的中心，如同天空以内的重心一样。”③

① ［美］斯蒂芬·霍尔姆斯、凯斯·R. 桑斯坦：《权利的成本——为什么自由依赖于税》，毕竟悦译，北京大学出版社2004年版，第26页。

② 转引自［日］早川和男：《居住福利论》，李桓译，中国建筑工业出版社2005年版，第109页。

③ 孙中山：《三民主义》，岳麓书社2000年版，第188页。

住房权虽然体现了“居者有其屋”的美好愿望，但并非美好的现实，特别是在我国，由于受人口众多、不动产资源稀缺、经济欠发达等现实条件的制约，如何较好地实现住房权一直是国家和公民关注的民生话题，通过国家与公民双方共同努力全面实现住房权就是解决了一个最大的民生问题。

住房权保障的国家最低核心义务研究是一个宏大课题，在写作过程中，笔者深刻体会到其复杂性与重要性，绝非一篇博士后出站报告所能穷尽。本文以立足国情、坚持中国特色为理念，以务实为态度，从住房权的概念、内容和性质入手，对住房权的国家最低核心义务主要进行了以下探讨：首先，分析了基本权利的国家义务层次理论，在此基础上，逐步探讨了国家保障住房权的最低核心义务的体系构成，即尊重义务、保护义务和给付义务。同时，分析了国家保障住房权的最低核心义务的可诉性及其限度问题，其中，国家尊重义务层面具有绝对可诉性；国家保护义务层面具有部分可诉性，即预防层次义务不具可诉性、制止和惩罚层次义务具有可诉性；国家给付义务可诉性须分层对待，即住房权的最低核心义务具有可诉性，住房权的“逐步实现义务”不具可诉性。其次，通过国际、区际等多层面透视住房权实现的困境与尴尬。具体介绍了住房权国家最低核心义务保障的域外考察以及我国住房权国家最低核心义务保障存在的缺陷与弊端，通过比较分析，有利于借鉴他国经验、弥补我国住房权保障的不足。最后，探讨了我国在国家最低核心义务语境中保障住房权的具体路径。通过行政诉讼路径进行司法救济，人民法院在保证“政治合法性”的前提下，应超越行政诉讼受案范围，通过司法解释的方式规定住房权抽象行政行为具有可诉性；在促进国家对住房权给付义务层次的履行方面，国家有义务通过制定《住房保障法》保障住房权。

当然，有些问题还有待进一步深入研究。例如，在“国家保障住房权最低核心义务的实践路径分析”问题中，笔者认为，司法机关应超越行政诉讼受案范围，在住房权的司法保护方面有所积极作为，人民法院可以在保证“政治合法性”的前提下不畏被人批评为“司法抢滩”行为，通过司法解释的方式规定住房权抽象行政行为具有可诉性。本来此处是创新点之一，但由于相关论证还未充分到位，制度设计不是很周延，致使创新点有些灰暗无光。因才疏学浅，还有诸多问题有待今后深入研究，仅希冀能为进一步研究起到抛砖引玉的作用。

“安得广厦千万间，大庇天下寒士俱欢颜，风雨不动安如山！”希望这并不只是遥远的理想，“学有所教，劳有所得，病有所医，老有所养，住有所居”，希望这并不只是一种令人欣慰的口号。

参考文献

（一）中文著作

1. 王宏哲：《住房权研究》，中国法制出版社2008年版。

2. 朱亚鹏：《住房制度改革——政策创新与住房公平》，中山大学出版社2007年版。

3. 张群：《居有其屋——中国住房权历史研究》，社会科学文献出版社2009年版。

4. 蒋银华：《国家义务论——以人权保障为视角》，中国政法大学出版社2012年版。

5. 周珂主编：《住宅立法研究》，法律出版社2008年版。

6. 建设部课题组：《多层次住房保障体系研究》，中国建筑工业出版社2007年版。

7. 刘志强：《人权法国家义务研究》，法律出版社2015年版。

8. 杜芳：《我国公民住房权的司法保障研究》，世界图书出版公司2013年版。

9. 李斌：《分化的住房政策：一项对住房改革的评估性研究》，社会科学文献出版社2009年版。

10. 龚向和：《社会权的可诉性及其程度研究》，法律出版社2012年版。

11. 龚向和:《作为人权的社会权——社会权法律问题研究》，人民出版社2007年版。

12. 龚向和:《受教育权论》，中国人民公安大学出版社2004年版。

13. 郑贤君:《基本权利研究》，中国民主法制出版社2007年版。

14. 黄金荣:《司法保护人权的限度——经济和社会权利可诉性问题研究》，社会科学文献出版社2009年版。

15. 夏正林:《社会权规范研究》，山东人民出版社2007年版。

16. 陈新民:《德国公法学基本理论》(上下册)，山东人民出版社2001年版。

17. 陈新民:《法治国公法学原理与实践》，中国政法大学出版社2005年版。

18. 柳华文:《论国家在〈经济、社会、文化权利国际公约〉义务的不对称》，北京大学出版社2005年版。

19. 柳华文主编:《经济、社会、文化权利可诉性研究》，中国社会科学出版社2008年版。

20. 刘海年主编:《〈经济、社会、文化权利国际公约〉研究》，中国法制出版社2000年版。

21. 杨松才、龚向和等:《〈经济、社会、文化权利国际公约〉若干问题研究》，湖南人民出版社2009年版。

22. 张翔:《基本权利的规范构建》，高等教育出版社2008年版。

23. 谭世贵主编:《国际人权公约与中国法制建设》，武汉大学出版社2007年版。

24. 谷盛开:《国际人权法：美洲区域的理论与实践》，山东人民出版社2007年版。

25. 法治斌、董保城：《宪法新论》，元照出版有限公司2006年版。

26. 刘连泰：《〈国际人权宪章〉与我国宪法的比较研究》，法律出版社 2006 年版。

27. 张千帆：《西方宪政体系》（上下册），中国政法大学出版社 2001 年版。

28. 周勇：《少数人权利的法理》，社会科学文献出版社 2002 年版。

29. 张琦、曲波：《怎样让人人住有所居——如何理解住房制度改革》，人民出版社 2008 年版。

30. 陈焱光：《公民权利救济论》，中国社会科学出版社 2008 年版。

31. 葛明珍：《〈经济、社会、文化权利国际公约〉及其实施》，中国社会科学出版社 2003 年版。

（二）外文译著

1. ［日］早川和男：《居住福利论——居住环境在社会福利和人类幸福中的意义》，李桓译，中国建筑工业出版社 2005 年版。

2. ［美］罗纳德·德沃金：《认真对待权利》，信春鹰、吴玉章译，中国大百科全书出版社 1998 年版。

3. ［挪］A. 艾德等：《经济、社会和文化的权利》，黄列译，中国社会科学出版社 2003 年版。

4. ［美］凯斯·R. 孙斯坦：《设计民主：论宪法的作用》，金朝武、刘会春译，法律出版社 2006 年版。

5. ［日］大须贺明：《生存权论》，林浩译，法律出版社 2001 年版。

6. ［日］阿部照哉等编著：《宪法（下）——基本人权篇》，周宗宪译，中国政法大学出版社 2006 年版。

7. ［日］大沼保昭：《人权、国家与文明》，王志安译，生活·读书·新知三联书店2003年版。

8. ［日］芦部信喜：《宪法》，林来梵译，北京大学出版社2007年版。

9. ［英］洛克：《政府论》（上下篇），叶启芳、瞿菊农译，商务印书馆2004年版。

10. 卢梭：《社会契约论》，何兆武译，商务印书馆1980年版。

11. ［美］杰克·唐纳利：《普遍人权的理论与实践》，王浦劬等译，中国社会科学出版社2001年版。

12. ［美］史蒂芬·霍尔姆斯、凯斯·R. 桑斯坦：《权利的成本——为什么自由依赖于税》，毕竞悦译，北京大学出版社2004年版。

13. ［挪］A. 艾德等主编：《经济、社会、文化权利教程》，中国人权研究会组织翻译，四川出版集团、四川人民出版社2004年版。

14. ［美］卡尔·J. 弗里德利希：《超验正义——宪政的宗教之维》，周勇、王丽芝译，三联书店1997年版。

15. ［法］莱昂·狄骥：《宪法学教程》，王文利等译，辽海出版社、春风文艺出版社1999年版。

16. ［法］莱昂·狄骥：《公法的变迁·法律与国家》，郑戈、冷静译，辽海出版社、春风文艺出版社1999年出版。

17. ［美］汉密尔顿、杰伊、麦迪逊：《联邦党人文集》，程逢如、在汉、舒逊译，商务印书馆2004年版。

18. ［美］路易斯·亨金，阿尔波特·J. 罗森塔尔编：《宪政与权利》，郑戈等译，生活·读书·新知三联书店1996年版。

19. ［美］德沃金：《法律帝国》，李常青译，中国大百科全书出版社1996年版。

20. ［美］约瑟夫·斯托里：《美国宪法评注》，毛国权译，上海三联书店2006年版。

21. [美] 詹姆斯·M. 布坎南：《宪法秩序的经济学与伦理学》，朱泱、毕洪海、李广乾译，商务印书馆2008年版。

22. [德] 卡尔·施密特：《宪法的守护者》，李君韬、苏慧婕译，商务印书馆2008年版。

23. [美] 罗纳德·德沃金：《自由的法——对美国宪法的道德解读》，刘丽君译，上海人民出版社2002年版。

24. [美] 伯纳德·施瓦茨：《美国法律史》，王军等译，中国政法大学出版社1990年版。

25. [荷] 亨利·范·马尔赛文等：《成文宪法的比较研究》，陈云生译，华夏出版社1987年版。

26. [美] 博登海默：《法理学：法律哲学与法律方法》，邓正来译，中国政法大学出版社1999年版。

（三）期刊论文

1. 龚向和：《论民生保障的国家义务》，载《法学论坛》2013年第3期。

2. 龚向和：《国家义务是公民权利的根本保障——国家与公民关系新视角》，载《法律科学》2010年第4期。

3. 龚向和：《理想与现实：基本权利可诉性程度初探》，载《法商研究》2009年第4期。

4. 钱明星：《关于在我国物权法中设置居住权的几个问题》，载《中国法学》2001年第5期。

5. 林来梵：《卧室里的宪法权利》，载《法学家》2003年第3期。

6. 蒋银华：《两权博弈与国家义务论》，载《宁夏社会科学》2010年第3期。

7. 蒋银华：《论国家义务的理论渊源：现代公共性理论》，载《法学评论》2010 年第 2 期。

8. 蒋银华：《论国家义务的理论渊源：福利国理论》，载《河北法学》2010 年第 10 期。

9. 熊惠平：《论穷人的居住权：基于人权的基本视角》，载《武汉科技大学学报》2008 年第 2 期。

10. 张小罗、周刚志：《论公民住房权：权利内涵及其实现之道》，载《法学杂志》2009 年第 1 期。

11. 张翔：《基本权利双重属性》，载《法学研究》2005 年第 3 期。

12. 涂缦缦：《住房权适足标准的界定》，载《江西社会科学》2015 年第 4 期。

13. 张清、严婷婷：《适足住房权实现之国家义务研究》，载《北方法学》2012 年第 4 期。

14. 邓炜辉：《最低核心：国家社会权给付义务的裁量控制》，载《学术交流》2011 年第 8 期。

15. 聂鑫：《如何保障住房权？——比较宪法的案例思考》，载《比较法研究》2013 年第 4 期。

16. 上官丕亮：《论国家对基本权利的双重义务——以生命权为例》，载《江海学刊》2008 年第 2 期。

17. 王笑严：《构建我国多层次住房权保障法律体系》，载《当代法学》2012 年第 3 期。

18. 黄金荣：《司法保障经济和社会权利的可能性与限度——南非宪法法院格鲁特布姆案评析》，载《环球法律评论》2006 年第 1 期。

19. 魏迪：《基本权利的国家保护义务——以德、中两国为审视对象》，载《当代法学》2007 年第 4 期。

20. 曾哲：《论国民的适当住宅权》，载《武汉大学学报》2013年第5期。

21. 黄利红、覃美洲：《住宅不受侵犯权的属性探讨——以世界各国宪法文本的比较分析为视角》，载《中南民族大学学报（人文社会科学版)》2014年第4期。

22. 龚向和、刘耀辉：《基本权利的国家义务体系》，载《云南师范大学学报》2010年第1期。

23. 龚向和、刘耀辉：《基本权利给付义务内涵界定》，载《理论与改革》2010年第2期。

24. 龚向和、刘耀辉：《论国家对基本权利的保护义务》，载《政治与法律》2009年第5期。

25. 韩敬：《发达国家保障房发展模式借鉴》，载《宏观经济管理》2015年第3期。

26. 韩敬：《住房权救济之法律模式分析》，载《求索》2013年第10期。

27. 韩敬：《国家保障住房权的最低核心义务》，载《河北法学》2013年第11期（CSSCI扩展、中文核心期刊）。

28. 韩敬：《由格鲁特布姆案透视南非住房权的司法保护》，载《河南省政法管理干部学院学报》2010年第1期。

29. 韩敬：《基于国家义务视角反思我国住房权保障》，载《河南师范大学学报》2011年第2期。

30. 韩敬：《基于社会权视角反思我国住房权保障》，载《求索》2010年第12期。

31. 韩敬：《基于义务视角探析住房权实现之问题与矛盾》，载《河南省政法管理干部学院学报》2011年第6期。

（四）外文资料

1. William Felice, Taking Suffering Seriously: The Importance of Collective Human Rights (New York: State University of New York Press, 2006).

2. Stephen Holmes, Cass A. Sunstain, The cost of rights: why liberty depends on taxes (New York, London: W. W. Norton & Company, 2009).

3. David van Wyk and John Dugard (Eds): Rights and Constitutionalism: The New South African Legal Order, Clarendon Press (2005).

4. Amy K. Makinen, Social rights and social security: The Legal and Political Effects of Constitutional Rights to Social Assistance, Bell & Howell Information and Learning Company (2000).

5. Henry Shue, Basic Rights: Susistence, Affluence, and U. S. Foreign Policy, second edition, Princeton University Press, 2006.

6. Brigit C. A. Toebes, The Right to Health as a Human Right in International Law, (Antwerpen, Groningen, Oxford: Intersentia, Hart Publishers, 2009).

7. Erica De Wet, The Constitutional Enforceability of Economic and Social Rights: The Meaning of the German Constitutional Model for South Africa (2006).

8. De Wet, The Constitutional Enforceability of Economic and Social Rights: The Meaning of the German Constitutional Model for South Africa (2006).

9. Economic, Social and Cultural Rights: Real Rights, Right Now, The NGO Coalition for an Optional Protocol to the ICESCR, February 2004.

10. Murray Wesson: Equality and Social Rights: An Exploration on in

Light of the South African Constitution, Public Law, 2007, WIN.

11. Tara Melish (ed.), Protecting Economic, Social and Cultural Rights in the Inter – American Human rights System: A Manual on Presenting Claims, Designed and Printed in Quito, Ecuador by SERGRAFIC, 2002.

12. General Comment No. 9: The Domestic Application of the Covenant, U. N. ESCOR, 19th Sess., U. N. Doc. E/C. 12/1998/24 (1998). Committee on Economic, Social and Cultural Rights, General Comment No. 4, Annex III, UN Doc.

13. Concluding Observations of the Committee on Economic, Social and Cultural Rights: People's Republic of China (Including Hong Kong and Macao), May 13, 2005, U. N. ESCOR, 34th Sess., U. N. Doc. E/C. 12/1/Add. 107 (2005).

14. Kitty Arambulo, Strenthening the Supervision of International Covenant on Economic, Social and Cultural Rights: theoretical and Procedural Aspects. (2009)

15. Cecile Fabre, Social Rights under the Constitution: Government and the Decent Life (New York: Oxford University Press, 2000)

16. Danie Brand, Sage Russell (eds.), Exploring the core content of socio-economic rights: South African and international perspective. Protea: Protea Book House, 2002.

17. Audrey R. Chapman and Sage Russell (Eds), Core Obligations: Building a Framework for Economic, Social and Cultural Rights (Intersentia nv, 2002).

附　录

公民环境权之宪法保障：以国家保护义务为视角*

韩　敬

摘　要： 我国宪法第26条属于比较特殊的宪法条文，须将其置于特定理论框架下予以解释。国家保护义务是客观价值秩序的重要内容，是对第三人侵害基本权利的重要释义工具。我国环境权国家保护义务具有坚实的宪法规范依据和基本理论支撑。环境权国家保护义务要得到实现，需要立法、行政、司法机关履行宪法规定的环境权保护义务，并协同合作以强化力度。环境权国家保护义务须遵循“环境品质”和“不足禁止”之下限基准，以及“国家能力”和“法益衡平”之上限基准。

关键词： 环境权；国家保护义务；客观价值秩序；不足禁止原则

---

* 基金项目：司法部国家法治与法学理论研究项目“国家保护义务视角下环境权保障研究”（15SFB3010）、河南省哲学社会科学规划项目（2015BFX028）、湖南省哲学社会科学基金项目（13YBA029）的阶段性成果。

“北上广不相信眼泪，京津冀不相信好肺”，这一流传甚广的打油诗，淋漓尽致地显现出我国当前环境问题所面临的尴尬与困境。

我国《宪法》第26条规定：“国家保护和改善生活环境和生态环境，防治污染和其他公害。国家组织和鼓励植树造林，保护树木。”就该条具体规定来看，属于较为特殊的宪法条文。其特殊性主要体现于下列几个方面：（1）从结构位置看，该条位于宪法“总纲”部分，具有“基本国策”抑或是“第三种结构”① 特征；（2）虽然该条位于宪法“总纲”部分，而非在“公民基本权利和基本义务”之中，但是，却表现出较为明显的权利特征，我国大部分学者亦将其定位为“环境权”“生态权”条款予以解读；②（3）该条体现了明显的福利国家特征，对国家义务规定明显，要求国家积极提供服务，以增进公众福祉；（4）从宪法释义学角度对该条进行研究的成果如凤毛麟角，大部分教科书、著作或论文仅在论证“环境权”时引述为宪法依据，缺乏具体释义。

以宪法释义学为视角，此种特殊宪法条文，如何解读？笔者认为，应将其纳入一定的理论框架之中进行思索。换言之，此种特殊条文，应呈现出与其他条文不同的理论意境。在德国，联邦宪法法院针对这种“客观的基本原则规范”，发展出“国家保护义务”的释义学工具。

一、基本权利国家保护义务理论

（一）国家保护义务理论缘起

基本权利构建与形成，最初以公民对抗国家的形态出现，旨在保

① 陈新民：《宪法学导论》，三民书局1996年版，第429页。

② 参见唐大为：《试论公民的环境权利》，中国环境科学出版社1993年版，第315页；金瑞林主编：《环境与资源保护法》，北京大学出版社2000年版，第56页。

障公民请求国家不得为特定干预行为的权利。德国宪法学专家卡尔·施密特指出，“个人的自由与平等是国家独立存在的条件，也是国家权力行使过程的界限。基本权利从本质上讲并非一种法益，而是一种广泛的自由，从而产生各种权利——特别是防御权——针对国家公权力的不受限制的个人自由空间”。[①]个人基本权利起始之处，即为国家权力终止的地方，这是宪法消极保护自由权利的旨趣所在。随着福利国家与给付行政的兴起，德国联邦宪法法院在司法实务中大幅引申、扩张基本权利效力，基本权利的积极功能在此过程中逐步被形塑。这样，基本权利便具备了“主观权利”和“客观价值秩序”（又称为客观法、客观秩序）的双重性质。

依据德国基本权利理论，国家保护义务最早起源于“客观价值秩序”理论。在德国联邦宪法法院的判决中，1952 年的政党禁止判决中最早出现了“受价值拘束的秩序”（wertgebundene ordnung）的概念。[②] 在 1958 年的“吕特事件”（luth）的判决中，又明确提出：“在《基本法》的各个基本权利规定里体现一种客观的价值秩序，被视为宪法上的基本决定，有效适用于各个法律领域。”[③]明确提出国家保护义务的是两次“堕胎判决案”。在 1975 年“第一次堕胎案”判决中，联邦宪法法院明确指出，所有国家权力均负有保护人类生命的义务，包括未出生胎儿的生命。“依照联邦宪法法院历来的裁判，基本权利规范不仅含有对抗国家的主观防御权，同时还表现为一种客观价值秩序，其得作为宪法的基本决定，适用于所有法律领域，并且作为立

① ［德］卡尔·施密特：《宪法学说》，刘锋译，上海人民出版社 2005 年版，第 175～176 页。

② 张嘉尹：《论价值秩序作为宪法学的基本概念》，载《台大法学论丛》2001 年第 5 期。

③ 德国联邦宪法法院：《吕特事件之判决》，载《西德联邦宪法法院裁判选辑》(一)：台湾地区“司法院”1990 年版，第 100～127 页。

法、行政及司法的准绳与推动力。”在1993年的“第二次堕胎案”中，宪法法院继前案指出：“基本法课予国家保护人类生命的义务。……此项保护义务的基础在于基本法第1条第1项，及其明确规定国家负有尊重并保护人性尊严之义务。”[①]著名公法学家Konrad Hensse认为，基本权利结合了多层面的含义，“是主观权利和政治共同体客观秩序的基本元素，后者作为客观原则，是基本权效力的出发点，并将实现基本权利的义务加诸国家，可以直接由其导出国家的保护义务”。[②]换言之，该理论从“客观价值秩序”引申发展而出，是传统防御权功能的补足，赋予了基本权利积极受益权功能。当前，国家保护义务理论在德国获得普遍认同与广泛运用。

（二）国家保护义务的内涵

关于国家保护义务之界定，学界普遍存在两种观点，即广义和狭义两个层次，广义说认为，国家保护义务包含“制度性保障”“组织与程序保障”，以及其他各种排除妨碍的义务。如德国著名学者Christian Starck认为，“国家保护义务是指国家负担保护其国民的法益及宪法上所承认制度的义务，特别是负有保护生命、健康、自由与财产等义务”。[③]而狭义说认为，国家应履行保护公民免受来自第三方侵害的义务。如台湾地区学者张嘉尹在梳理德国国家保护义务理论基础上指出，“基本权利保护义务即人民可根据基本权向国家请求保护其基本权所保障的法益，以免受到其他人民的侵害”。[④]笔者赞同第二种观点。

---

① 谢荣堂、周佳宥：《论国家的保护义务》，载《军法专刊》第55卷第3期。

② 魏迪：《基本权利的国家保护义务——以德、中两国为审视对象》，载《当代法学》2007年第4期。

③ 参见［德］Christian Starck：《法学、宪法法院审判权与基本权利》，杨子慧译，元照出版公司2006年版，第411～412页。

④ 翁岳生教授祝寿论文编辑委员会编：《当代公法新论》（上），元照出版公司2002年版，第51页。

第一种观点将制度性保障、组织与程序保障等纳入国家保护义务范畴，这种界定方式将极大弱化国家保护义务作为基本权利释义学工具之价值。国家保护义务的具体内涵，需注重如下两点：

1. 国家保护义务的所涉范围是第三人侵害。对其诸多不同理解，主要集中于国家保护义务是否针对公权力侵害，以及主要是公权力还是第三人侵害的争论。主张免于国家侵害也属于国家保护义务范围的观点认为，国家保护义务“旨在要求国家尽到保护人民基本权利之义务，使人民之权利免于遭受公权力或者第三人的侵害”。[①]“国家保护义务主要是针对国家权力而设计的。”[②]还有一种观点，即国家保护义务范围还包括自然力的侵害。例如，张嘉尹认为：“广义上的基本权利国家保护义务包含保护人民免受来自自然灾害或其国家所造成的危害。”陈征博士认为，“在国家保护义务功能中，最常见的侵害主体当然是私人，即自然人和私法法人。此外，可能成为侵害主体的还有外国势力和自然力”。[③]笔者认为，对于公权力侵害，属于传统防御权功能范畴，如果将公权力纳入国家保护义务范围，无法彰显“国家保护义务”作为积极功能的独立概念之特征。对于自然力侵害，最终国家的救济是通过给付一定的金钱、物质等进行保护，但这属于“国家义务”理论中“国家给付义务”理论范畴，而非“国家保护义务”所能涵盖，因此，国家保护义务的范围仅限于第三人侵害。

2. 国家保护义务的义务主体是国家。国家保护义务的“义务主体”似乎比较明显，即“国家”这个义务主体。然而，国家作为一个抽象概念，其所负义务必须有具体的承担主体，亦即立法机关、行政机关与司法机关。对立法机关而言，必须制定完善的法律体系，以防

---

① 李建良：《宪法理论与实务》（一），学林文化事业有限公司 1999 年版，第 68 页。

② 杜承铭：《论基本权利之国家义务：理论基础、结构形式与中国实践》，载《法学评论》2011 年第 2 期。

③ 陈征：《基本权利的国家保护义务功能》，载《法学研究》2008 年第 1 期。

止基本权利受到来自第三人的非法侵害。对行政机关而言，主要义务是妥善执行立法机关制定出来的良法，以实现法律制定时的宗旨。对于司法机关，由于遵循“不告不理”的消极原则，而国家保护义务是一种积极功能，很容易理解为司法机关不承担相关义务，其实，司法机关的消极属性并非代表其消极功能，其保护义务主要表现在，处理纠纷和诉讼过程中有义务尊重公民的基本权利，并竭力使之得到公平正义的裁判。

二、我国环境权国家保护义务之宪法依据

近年来，我国环境污染、环境破坏日益严重，侵害环境权的案例层出不穷，迫使理论界与实务界认真对待环境权保护课题。德国国家保护义务理论与实践发展状况无疑提供了一个可资借鉴的视角。然而，在我国国家保护义务功能尚未得到足够重视。笔者试图将国家保护义务作为释义学工具，对我国环境权保障进行探讨，有学者指出，“在我国当前体制下，国家保护义务功能之于防御权功能更易实现。”① “突出保护义务有利于培养公民宪法权利意识，可能成为最终全面建立宪政的突破口。”②然而，环境权国家保护义务在我国是否存在规范依据？

（一）“国家保护义务”之宪法依据

改革开放后，随着市场经济迅速发展，越来越多的社会事务转向社会团体或个人自我管理，国家正逐渐退出社会领域，放松对经济和社会的管制，无疑是进步的体现。然而，从保护公民权利角度看，国

① 蔡定剑：《中国宪法司法化路径探索》，载《法学研究》2005 年第 5 期。

② 袁立：《作为基本权利的劳动权国家保护义务》，载《太平洋学报》2011 年第 7 期。

家不仅要保持理性的克制态度，减少自身对公民权利的侵害，同时，还必须积极提供保护，使公民权利免受私人的不当侵害。从宪法角度看，此即基本权利的“防御权”和“国家保护义务功能”范畴，而我国宪法文本并未将“国家侵犯”和“私人侵犯”区别开来，尽管这与制宪时期国家与社会高度一体化有关，但亦反映出制宪者极度重视国家保护义务的理念，将其置于与防御权功能同等位置。从2004年我国宪法修正案“国家尊重和保障人权”条款亦可明显看出，“尊重”和“保障”并列，这反映出防御权与保护义务功能并行并重的理论理念和规范安排。

从宪法文本可知，在保障公民基本权利不受“国家”侵犯的同时还保障其不受“私人”侵犯，国家保障公民权利不受“私人侵犯”，此即“国家保护义务功能”。例如，第36条第2款：“任何国家机关、社会团体和个人不得强制公民信仰宗教或者不信仰宗教，不得歧视信仰宗教的公民和不信仰宗教的公民。”第40条：“……任何组织或者个人不得以任何理由侵犯公民的通信自由和通信秘密。”第53条：“公民必须遵守宪法和法律，保守国家秘密，爱护公共财产，遵守劳动纪律，遵守公共秩序，尊重社会公德。”在条文表达上，我国宪法主要使用的措辞有：（1）“国家保护”，例如，第36条第3款等；（2）“中华人民共和国保护”，如第50条等；（3）“不受侵犯”，如第38条、第39条等。从上可以看出，我国《宪法》不仅是国家权力机关的行为规范，也是私法主体的行为准则。我们“必须将宪法朝着符合社会现实的方向去解释，只有这样，宪法自身的目的才能达到”。[①]根据前述国家保护义务理论，完全有理由将上述条款作为国家保护义务在我国的宪法依据。

① 张翔：《基本权利在私法上效力的展开——以当代中国为背景》，载《中外法学》2003年第6期。

（二）我国宪法中“环境条款”释义

从宪法规范角度看，我国环境权是以《宪法》第26条为核心的，包括第9条、第22条等条款，共同组成了我国“环境宪法”之基本结构秩序。具体而言，《宪法》规定：“国家保护和改善生活环境和生态环境，防治污染和其他公害。国家组织和鼓励植树造林，保护树木”；“国家保障自然资源的合理利用，保护珍贵的动物和植物。禁止任何组织或者个人用任何手段侵占或者破坏自然资源”；“国家保护名胜古迹、珍贵文物和其他重要历史文化遗产”。通过上述环境权条款，初步分析如下：

1. 性质。从体系上看，该条位于《宪法》第25条“计划生育”基本国策之后，处于第27条“国家机构精简原则”之前，可以基本判断其为我国的一项“基本国策”，对国家行为具有拘束性指引功能，是立法行为之委托，也是宪法解释之基础；尽管我国《宪法》“公民基本权利与义务”部分并未明确规定环境权，亦即未赋予公民主观公权利（即公法上的请求权），但该条款作为基本价值，对环境权的解释具有指引功能。

2. 保护的义务主体。上述三个条款均将环境权的保护义务主体统称为“国家”，具体由立法、行政和司法等国家机关分担。按照一般法理，具体的权利主体只能向相对应的明确的义务主体要求履行义务。随着国家角色的转变，即由权利政治的主体和警察国家政策的执行者转变为公益政治的主体和福利国家政策的执行者，在后者的角色定位中，国家必须积极履行权利保护的义务。“目前，法律已使福利国家本身成为‘新权利’的一种来源，今日，更为实际的是，将福利权利视为一种‘财产’而非‘恩赐’。这种利益对有资格获得者来说具有一定法定权利的性质。”[①]亦即，当公民环境权受到侵害，国家有履行消弭危害及补偿损失之义务。

3. 保护的客体。上述三个条款将所保护对象称为“生活环境”“生态环境”，到底是指什么，欠缺明确性，但经由解释，不外自然的各个成分，如空气、景观，以及其他各种值得保护的物质。而所谓“自然的各个部分”，包括土地、水、日照，以及“自然资源”，如第9条指出的“珍贵的动物、植物”，第26条指出的“树木”等。与文化有关的景观，也包含在内，如第22条所指的“名胜古迹”“珍贵文物”等，但人类的“社会环境”并不包括在其中。

4. 保护的标准。上述三个宪法条文，均没有明确的保护标准，目前较为流行的两个标准，即“自然生态中心主义”“人类中心主义”。“自然生态中心主义”是将环保理解为自然目标，承认自然权（植物权、动物权等），并反对以人类为各种决定的标准。从我国立宪精神，以及宪法中经济条款、人格尊严条款看，我们不是“自然生态中心主义”立场。我国采用新“人类中心主义”立场，但这种立场并非传统的经济发展挂帅的肤浅观点，而是兼顾以自然生态为中心的观点，强调“生态谨慎原则”。

三、环境权国家保护义务之具体实现

承上述，国家环境保护义务的具体承担主体是立法、行政和司法机关，但究竟如何细化与配置，属“国家权力分立”范畴。“在长期沿袭并将继续存在的国家主导型治理模式下，权力配置必是环境治理的关键议题。对环境治理的权力结构而言，为何法律条款翔实、精确

① ［美］伯纳德·施瓦茨：《美国法律史》，王军等译，中国政法大学出版社1990年版，第138页。

而在具体运作中却出现不适和扭曲？法治理念下的刚性、稳定与实然状态下的灵活、变通如何协调？诸如此类的问题，将考验执政者和民众的智慧。”① 因此，在履行国家保护义务时，一方面要考虑权力分立原则，不能过度凸显和扩大某一机关的权力，违背宪法对国家权力关系的正当性分配；另一方面，在阐释国家权力分立原则时，应恰如其分地分配国家各种权力关系。立法、行政和司法机关在履行环境保护义务时，并非处于平等序列，而是存在一定的位阶性。

（一）第一位阶义务：环境权保护的法律创制

环境权之国家保护义务首先约束的是立法机关，因为立法机关是国家保护公民基本权利最重要、最有效的方式，在客观条件成熟时，立法机关须通过具体化的努力使环境权的价值得以实现，以使行政机关、司法机关能够直接适用所制定法律。从我国环境立法看，制度化取得明显成效，法律层面主要有环境保护法、环境噪音污染防治法、大气污染防治法、环境影响评价法等。还有诸多行政法规，如《海洋石油勘探开发环境保护管理条例》（1983 年）、《畜禽规模养殖污染防治条例》（2013 年）。此外，还有大量部门规章、地方政府规章、部门发布的规范性文件等，我国环境法律体系逐渐趋于完善。

宪法规定的环境权具有高度抽象性，须借由立法机关制定法律对环境权进行具体化，这在理论上被称为“宪法委托”②。此时，立法者享有一定的“形成空间”，主要体现在两个方面：一方面是立法机关可以选择在公法还是私法领域进行保护。当危害重大时，立法者应当制定刑法规范。例如，我国刑法第 338 条至第 345 条规定了一系列

---

① 王树义、蔡文灿：《论我国环境治理的权力结构》，载《法制与社会发展》2016 年第 3 期，第 166 页。

② 参见陈新民：《法治国公法学原理与实践》（上），中国政法大学出版社 2007 年版，第 1 页。

破坏环境资源保护相关罪名，最高可以判处10年以上有期徒刑。第346条规定了单位的环境犯罪，第408条规定环境渎职罪。不过，采用刑罚手段必须谨慎，须是为保护“重大且根本性的法益”免受侵害，而且必须是在无其他有效保护措施情形下，始得为之。另一方面，立法机关既可向被侵害方提供某种保护措施，又可直接对侵害方进行干预；后者除了监督、限制或禁止特定行为、规定某些行为须经批准外，还包括制定引导性规范，比如鼓励性的优惠措施等。德国公法学者C. 温克勒（Winkler）指出，“价值概念的普遍性，非谓可任意地去遂行这些价值，而是对内在的也含有目的的价值负有义务，故基本权对立法及行政部门而言，不仅是限制，也是具有目标意义应遵守的价值”。[①] 立法机关不能随意履行其保护义务，必须受到比例原则、法治国原则和环境权保护目的的限制。

当然，立法者的环境立法义务并不是一成不变的，当客观环境随着时间推移发生较大变化时，立法者须对已有的环境法律进行修改、补充，在必要时，制定新的法律，否则同样违反了环境权的国家保护义务。例如，我国1989年制定了环境保护法，但由于制定时间较早，有些制度已不能满足现实需要，并且一些其后制定的环境保护单行法律和环境保护政策中的新理念、新制度也没有在这部法律中体现。同时，十八届三中全会也对建设生态文明提出了具体的要求。因此，2014年4月24日，全国人大常委会对环境保护法进行修订，修订后的环境保护法反映了中央提出的推进生态文明建设的新精神、新要求。这体现了国家保护义务的层次和程度都应该不断发展和提升。

（二）第二位阶义务：环境权保护的法律履践

行政机关的环境权保护义务，主要表现在切实执行立法机关制定

① 吴庚：《宪法的解释与适用》，三民书局2004年版，第112页。

出来的良法，以达到法律规范制定的本义，亦即行政机关在立法机构所创制的保护义务架构下，履行第二位阶义务。此举并非意味着行政机关的国家保护义务不重要，而是“政府在领导、组织、协调环境资源保护工作，建设环境友好型社会、资源节约型社会中具有重要的、关键的、不可替代的作用”。[①]具言之，表现为以下几个层次：（1）各级人民政府。政府在进行财政预算时，须留有符合国家要求的环境保护资金，用于城市环境建设；划定有特殊价值的环境保护区域，实行特殊保护政策等。（2）环境行政主管部门。根据法律赋予的权力审批环境影响报告书、对建设项目的防治污染设施进行验收、审核和办理排污许可证、征收排污费等；组织环境监测；查处环境违法行为等。（3）其他行政部门。环境保护不仅是环保部门的义务，也是政府各部门的共同义务。例如，财政、商务等部门，对将环境保护纳入国民经济和社会发展进程负有重要责任；建设、国土、规划等部门，对合理使用土地等自然资源，防止环境破坏有重要责任。

近年来，我国政府采取了诸如环境审计、流域限批、节能减排集中执法检查、“零点行动”等被誉为“环保风暴”的环境保护措施，对环境权保护起到了积极作用。然而，国家环保部门的有关资料显示，我国环境可持续指数在144个国家中排在第133位，原环保部长周生贤曾指出，“近年来，环境问题日益突出，污染问题严重影响社会稳定。因环境问题引发的群体性事件以年均29%的速度递增”。[②]为何有些地方仍然走不出“环境污染和生态破坏继续恶化”，即“越治理越污染”的怪圈？造成政府环境权保护义务履行不足的原因主要有以下几点：（1）重政府经济义务，轻政府环境义务。一些地方把发展

① 蔡守秋：《论政府环境责任的缺陷与健全》，载《河北法学》2008年第3期。

② 陈泽伟：《环境恶化食品安全》，载新华网，http：//news. xinhuanet. com/politics/2008－09/23/content_ 100957961. htm，最后访问日期：2016年7月18日。

是硬道理等同于经济增长率是硬道理，片面追求 GDP（国内生产总值），忽视生态环境保护。没有把经济发展同环境保护放在同等位置，反而认为环境保护投入加大了经济增长的成本，对提高经济增长率没有什么推动作用。[①]（2）重政府治理环境的权力，轻政府保护环境的义务。我国环境立法虽凸显了政府环境责任，但这种“责任”并非政府环境义务，而是政府环境权力。例如，环境立法中强调政府职权本位，强调政府环境管制，忽视政府对环境的指导和服务；未对比着政府环境权力，规定政府相应的环境义务，造成了政府权力和义务失调。（3）过多强调企业环境义务和追究企业环境责任，较少强调政府义务和政府责任追究。在诸多环境立法中，“治民”条款多，“治官”条款少，对政府是淡化其环境法律义务，对企业等行政相对人则是加重其环境法律义务。

行政机关环境权保护义务之履行，应从以下几个着力点出发：首先，须严格执行已制定的环境法律、行政法规，积极履行环境权保护义务，即为“严格执法”，铁腕治污。其次，须制定符合地方情况的规范性文件，即为“抽象行政行为”。最后，须转变政府环境管理模式，建立现代环境治理体系。“治理”，简而言之，就是重视公民、社会组织的协调、参与作用。就公众参与环境保护而言，我国学者寄以较高期望，将其称之为“依靠群众保护环境的原则”[②] 和“环境民主原则”[③]，郑少华教授以美国为例，认为环境非政府组织在国内环境法中具有看家狗（watchdogs）与吹哨者（whistle—blowers）、私人检察官三个重要角色。[④]因此，政府应建立现代环境治理体系，吸收公众参

---

① 李静江、吴小莹：《环保指标与政府政绩考核》，载《马克思主义与现实》2006 年第 2 期。

② 韩德培主编：《环境保护法教程》，法律出版社 1998 年版，第 77 页。

③ 蔡守秋主编：《环境资源法教程》，武汉大学出版社 2000 年版，第 417 页。

④ 郑少华：《循环社会法的形成》，科学出版社 2005 年版，第 164 页。

与一些具体决策，参与有关环境方面的计划、方案和政策的拟制，参与拟订相关环境规章制度等。

（三）第三位阶义务：环境权保护的法律适用

依据司法被动性理论，传统观点认为司法机关不应履行国家保护义务。比如，德国学者卡尔·施密特（Carl Schmitt）在论及基本权利的保障机制时，仅提到宪法修改机制、立法机构和其他机关。[①]此外，有些国家甚至明确规定基本权利只拘束立法机关与行政机关，不包括司法机关，如南非宪法第 7 条第 1 项。亦有学者认为，司法机关仅履行部分国家保护义务，“司法权在此功能有限，原则上仅限于事后审查的功能”。[②]那么，司法机关到底是否应当履行国家保护义务？如果承担，其履行程度如何？履行义务的具体方式又是什么？

尽管我国宪法没有类似德国《基本法》第 1 条第 3 款的规定（基本权利约束立法、行政及司法而为直接有效的权利），但我国宪法第 5 条、第 27 条、第 36 条、第 41 条等采用了“一切国家机关”之措辞，第 26 条环境权条款用的是“国家”，也未明确排除司法机关。因此，环境权对司法机关应产生拘束力。司法机关作为环境权保护的最后屏障，不仅要积极配合立法机关，还应最大限度地弥补立法保护的不足，主要存在以下三种情况：第一，当立法机关将环境权正确且充分进行具体化之后，司法机关只需通过适用相关环境权条款来履行保护义务。第二，由于立法机关不可能将所有偶然的甚至不可预知的情况都事先通过相对抽象的法律规范进行调整，立法时不得不使用概括性条款和不确定概念。此时，司法机关需依照环境权的价值对概括条款和不确定概念进行司法解释，从而在个案中弥补立法保护的不足。

① ［德］卡尔·施密特：《宪法学说》，刘锋译，上海人民出版社 2005 年版，第 238 页。

② 林明昕：《公法学的开拓线》，元照出版社 2006 年版，第 44 页。

第三，尽管我国环境法律已较为完善，但不可否认，有些领域还存在空白，如环境强制保险制度、环境损害补偿基金制度、气候变化法等重要制度尚未出台。当立法机关完全未履行环境权保护义务时，司法机关可通过司法解释间接适用宪法，以平衡环境权主体与其他基本权主体之间的法益，从而独立承担起环境权的保护义务。

在环境权司法保护机制方面，许多地方已建立环境保护法庭，自2007年全国第一家环保法庭在贵州省清镇市人民法院成立以来，到2014年7月，全国已有16个省、直辖市设立了130多个环境保护法庭、合议庭、审判庭或巡回法庭。2014年，最高人民法院亦成立了环境资源审判庭，其主要功能是“为地方法院提供制度指导”和“技术支持”①。2015年1月，最高人民法院发布了《最高人民法院关于环境民事公益诉讼案件适用法律若干问题的解释》，为环境公益诉讼提供了一系列案例指导、技术支持和制度保障。而今，检察机关和社会组织都可作为原告提起环境公益诉讼，各地已有不少案例出现，如2015年12月18日，福建省高级人民法院对备受关注的全国首例环境民事公益诉讼案件进行了公开开庭宣判。

四、环境权国家保护义务之判别基准

环境权国家保护义务的法律关系，可简化为“侵害者—国家—受害者”的“三角”关系，在此法律关系中，国家主动介入私人关系，但在保护环境权时，有可能侵害其他公民权益，那么国家究竟如何采取措施、保护到何种程度才算尽到了保护义务？对此问题，学界尚无定论，只因判断国家保护行为是否合宪的基准是“国家是否尽其保护义务”，而非“国家尽其保护义务的程度”。“当公权力完全未采取任

① 严定非：《环保法庭进了最高法院》，载《南方周末》2014年6月27日。

何措施，或其采取的保护措施根本不适当或完全未能达到应有的保护目的时，才算是违反了国家保护义务。”①然而，“根本不适当”“未能达到保护目的”亦处于未确定状态，需进一步厘清。

（一）环境权国家保护义务的“下限”基准

1.“环境品质”基准。从各国宪法规范看，大都规定了“清洁的”“良好的”“健康的”环境品质，例如，韩国宪法第35条第1款规定：“全体国民均享有在健康、舒适环境中生活的权利。国家和国民应努力保护环境。”土耳其《宪法》第26条第1款采用“健康和谐的”、南非《宪法》第24条采取“健康和幸福无害的”、刚果《宪法》第46条采用“健康的、令人满意的、持久的”等术语。这些规定都对环境品质具有明确的要求，主要表现在两方面：一是可以确定其边界。因环境品质可通过一定的数据加以测算。二是其边界具有可行性。“满足人类生存和发展需要的环境品质，体现了一种利益平衡的现实态度，而非一种绝对环境保护的偏激状态。”②因此，环境权内在的基准是一种下限基准，即满足人类生存和发展的需要。而这种基准的确定，完全可以由国家通过设定一系列法律制度，尤其是通过技术性和工具性制度予以确定，例如，环境质量标准、污染物排放标准、环境行政许可、渔业捕捞和野生动物狩猎许可和配额等，而其核心在于环境质量标准的制定，以求在大气、水、土壤等方面达到符合环境权内在需求的基准。

2.“不足禁止”基准。“不足禁止”概念最早由德国民法学者Canaris提出，是作为“过度禁止”的对立概念，即国家不得过度干

① 袁立：《作为基本权利的劳动权国家保护义务》，载《太平洋学报》2011年第7期。

② 王蓉：《论中国环境权的主体和客体》，载《中国政法大学学报》2009年第3期。

预人民的自由，国家对于人民权利的保护，也不得低于必要的标准。[①]不足禁止原则主要是为国家保护措施划定底线。德国学者 Detlef Merten 提出了不足禁止原则的论证层次：（1）第一层次：目的正当审查。即国家所提供的保护措施必须具有宪法正当性。（2）第二层次：适当性原则。即国家所采取的措施必须适合于达到目的。于此所需考量的“目标达成”，只需具有抽象的可能性，即为已足。如果国家所采取的是干预措施，当其不足以达成保护目的时，则不仅未达到保护标准，同时也违反了过度禁止原则。（3）第三层次：必需性、最低保护或保护必要性原则。即国家所采取的措施必须提供充分的保障，亦即在保护尺度上，该措施必须“已然足够”。于此，国家不能做得太少，但可以多做一点，只要未干预到他人的基本权利。[②]

不足禁止理论可以作为环境权国家保护义务的“下限”基准。具体而言：（1）当国家采取措施保护环境权时，必须具有宪法正当性，此即“目的正当审查”，主要是针对立法者，其必须基于“宪法委托”，制定较为完善的环境保护法律。（2）国家所采取的措施，须有利于达成“环境权保护”这个目标。例如，当行政机关作出某项环境行政许可，其基本价值预设就是“环境权保护”，如果此行政行为偏离了此目的，未尽到环境影响评价义务，结果致使企业行为严重污染环境，即违背了“不足禁止”原则。（3）国家采取措施保护环境权，必须是“足够的”，可以多做，但不能少做，否则违反不足禁止原则。当然，此处就涉及另外一个标准，即什么程度算是“足够”？这就涉及前述环境品质基准。此外，宪法上“人的尊严”亦有助于此基准之确定，当环境污染、环境破坏威胁到人的基本生产、生活，还对人类

① 王锴：《婚姻、家庭的宪法保障》，载《法学评论》2013 年第 2 期。

② 李建良：《论宪法上保护义务与保护请求权之关系》，载李建良：《人权思想的承与变——宪法理论与实践（四）》，新学林出版股份有限公司 2010 年版，第 192 ~ 193 页。

生存繁衍造成威胁时，人的尊严就丧失殆尽。因此，是否“足够”，需借助国家环境质量标准的技术鉴定，以及宪法上“人的尊严”基准。

（二）环境权国家保护义务的“上限”基准

1. “国家能力”基准。承上述，环境权国家保护义务的义务主体是国家，国家能否履行此项义务？能够履行到何种程度？这涉及一个重要的概念，即“国家能力”。其系多维概念，主要指国家对公民履行其核心职能的能力。巴泽尔将“权力”界定为“强加成本的能力”①，施米特·黑纳认为“权力是进行一种作用和活动的能力”。②在法治国家，权力常由一国宪法配置，各机关在其权力范围内履行相应的保护义务，因而，国家能力不是无限的。例如，当国家能力不足以杜绝所有污染行为，国家实行一种“排污权”制度，即排污者必须在环境保护监督管理部门分配的额度内，依法排放污染物。可见，在“环境国家”，保护环境权是国家核心职能之一，而国家能力强弱决定了环境权保护的质量，国家能力范围决定了国家保护义务的边界。换言之，环境权保护义务之上限取决于国家能力的强弱。

2. “法益衡平”基准。基于前述环境权国家保护义务之“三角”关系，当国家履行环境权保护义务时，可能对其他基本权利产生限制，因为“保护义务还结合了对于基本权侵害的正当化，为了保护人民的一方，有时候必须限制另一方的基本权”。③因此，当国家采取措施保护环境权时，须兼顾环境权与其他权利保障之意旨，进行法益衡平。在此，举例予以说明：（1）为保护环境权而限制财产权。例如，

---

① ［美］约拉姆·巴泽尔：《国家理论——经济权利、法律权利与国家范围》，钱勇、曾咏梅译，上海财经大学出版社2006年版，第26页、第338页。

② ［德］奥托·耶迈：《德国行政法》，刘飞译，商务印书馆2004年版，第16页。

③ 张嘉尹：《违宪审查中之基本权客观功能》，载《月旦法学杂志》2010年第10期。

将某一区域列为保护区限制或禁止使用，限制公民采矿等，对上述情形，除应维持财产权现有状态，避免遭受国家恣意剥夺或限制外，还应对剥夺财产权或过度限制予以适当补偿，以弥补财产价值所受损失。我国台湾地区《非都市土地容许使用执行要点》第二十五条规定："在水质、水量保护区规定范围内，不得新设立畜牧场，不得同意畜牧设施使用。"此要点使公民对其财产的使用收益权受到限制。"司法院大法官"曾作成释字第444号解释，谓："区划计划法系为促进土地及天然资源之保育利用、改善生活环境、增进公共利益而制定。"①因此，基于环境权保障而对财产进行限制应符合一定价值标准。(2) 为保护环境权而限制设置污染性设施，亦是对公民工作权的束缚，其理由与限度，应具体问题具体分析。比如，对设厂条件的控制，属"职业执行"约束，如非恣意，且合乎理性，应属合宪。反之，法律如果规定某种污染设施必须由国家专营，则构成对"职业选择自由"的拘束，必须具有重大公共利益的理由，才能予以限制。

---

① 李建良：《环境议题的形成与国家任务的变迁——"环境国家"理念的初步研究》，载城仲模教授六十华诞祝寿论文集编辑委员会：《宪法体制与法治行政》，三民书局1998年版，第322~323页。

后 记

本书在博士后出站报告的基础上增补而成。

提笔写后记之时，才意识到本文的真正终结，也意味着博士后研究生涯的结束。犹记得三年前，初入郑州大学法学院之时，自己身处壮观、辉煌的博士后研究殿堂，一直忐忑不安，唯恐自己学识浅显难登高雅之殿。时光流逝于不知不觉间，郑州大学留给我太多美好而难忘的回忆，在此期间自己经历了人生旅途中最重要的一次成长。原有的懵懂和对未来的迷茫，经过三年洗礼，正慢慢褪去，优美的校园环境、浓厚的学习氛围、老师的关爱、同学的友谊将永远铭刻脑海，终生难忘。

感谢我的父母，从出生起，无论我身处何方，都能感受到他们最无私、最宝贵的亲情。感谢他们对我的严厉，使我从一个不懂事的孩子一步步走到现在，每一次成长，都离不开他们无微不至的帮助、教育和关怀。

感谢指导老师苗连营教授，三年的言传身教、乐观开朗的性格、无微不至的关怀，都使我受益匪浅，其耳提面命，对我在博士后研究中的成长，可谓影响至深。本文从选题到资料收集、到思路厘清、到文章的最后定稿，无不深受导师的鼓励、督促和支持，可以说，没有苗老师的呕心沥血，就没有本文。

同时，还要衷心感谢三年来曾指导过我的每一位老师，严格慈祥、兢兢业业、勤于治学的沈开举教授，一丝不苟、治学严谨的郑磊老师，温良敦厚、循循善诱的王圭宇老师……他们在各方面都给予了我莫大的帮助。祝敬爱的老师们工作顺利、幸福安康。

感谢同窗挚友，在朝夕相处的日子里，每次学术上的激烈争论都使我大受裨益，每次谈论人生理想都使我有所感悟。三年间可追忆之事太多太多，高兴时有你们陪我欢笑，郁闷时有你们为我解忧，分别时真心祝愿大家前程似锦。

最后感谢我的先生，在我撰写出站报告期间兼顾工作与家务，事事操心，任劳任怨；感谢刚满6周岁的儿子，即使生活再艰辛，你的微笑永远是我最大的安慰。

韩　敬

2018年7月于长沙

图书在版编目（CIP）数据

住房权保障的国家义务研究／韩敬著．—北京：中国法制出版社，2019.10

ISBN 978-7-5216-0438-2

Ⅰ.①住…　Ⅱ.①韩…　Ⅲ.①住宅-社会保障-法律-研究-中国　Ⅳ.①D922.384

中国版本图书馆 CIP 数据核字（2019）第 169841 号

责任编辑：陈　兴　赵律玮　　　封面设计：周黎明

住房权保障的国家义务研究

ZHUFANGQUAN BAOZHANG DE GUOJIA YIWU YANJIU

著者/韩敬

经销/新华书店

印刷/北京京华虎彩印刷有限公司

开本/640 毫米×960 毫米　16 开　　　印张/13.75　字数/151 千

版次/2019 年 10 月第 1 版　　　2019 年 10 月第 1 次印刷

中国法制出版社出版

书号 ISBN 978-7-5216-0438-2　　　定价：49.00 元

北京西单横二条 2 号

邮政编码 100031　　　传真：010-66031119

网址：http：//www.zgfzs.com　　　**编辑部电话：010-66071862**

市场营销部电话：010-66033393　　　**邮购部电话：010-66033288**

（如有印装质量问题，请与本社印务部联系调换。电话：010-66032926）